Janvier MAFACI

L'ADORATION AUTHENTIQUE

Janvier MAFACI

L'ADORATION AUTHENTIQUE

Adorer au quotidien

Éditions Croix du Salut

Imprint
Any brand names and product names mentioned in this book are subject to trademark, brand or patent protection and are trademarks or registered trademarks of their respective holders. The use of brand names, product names, common names, trade names, product descriptions etc. even without a particular marking in this work is in no way to be construed to mean that such names may be regarded as unrestricted in respect of trademark and brand protection legislation and could thus be used by anyone.

Cover image: www.ingimage.com

Publisher:
Éditions Croix du Salut
is a trademark of
Dodo Books Indian Ocean Ltd. and OmniScriptum S.R.L publishing group

120 High Road, East Finchley, London, N2 9ED, United Kingdom
Str. Armeneasca 28/1, office 1, Chisinau MD-2012, Republic of Moldova, Europe
Managing Directors: Ieva Konstantinova, Victoria Ursu
info@omniscriptum.com

Printed at: see last page
ISBN: 978-3-330-70779-5

MOT DE L'AUTEUR

L'adoration authentique est au cœur de notre relation avec Dieu. Dans un monde où les distractions sont nombreuses et où les vérités spirituelles sont souvent obscurcies, il est essentiel de revenir à l'essence même de ce que signifie adorer notre Créateur. Ce livre se propose d'explorer les profondeurs de l'adoration, en s'appuyant sur les Ecritures pour éclairer notre chemin.

Dans Jean 4:24, il est écrit : « Dieu est esprit, et il faut que ceux qui l'adorent l'adorent en esprit et en vérité. » Ce verset nous rappelle que l'adoration ne se limite pas à des rituels ou à des pratiques extérieures, mais qu'elle doit émaner d'un cœur sincère et d'une compréhension profonde de qui est Dieu. L'authenticité de notre adoration est révélée dans notre désir de connaître Dieu et de vivre en communion avec Lui.

A travers les pages de ce livre, nous explorerons les différentes dimensions de l'adoration, en examinant comment elle se manifeste dans notre vie quotidienne, dans nos prières, nos chants et nos actions. Nous découvrirons également comment l'adoration authentique peut transformer notre esprit et notre cœur, nous rapprochant ainsi de la volonté divine.

Dans Psaume 95:6, il est dit : « Venez, prosternons-nous et adorons, fléchissons le genou devant l'Éternel, notre Créateur. » Ce passage nous invite à une humilité profonde et à une reconnaissance de la grandeur de Dieu. L'adoration authentique commence par une posture de soumission et de respect, où nous reconnaissons notre dépendance envers celui qui nous a créés.

Ce livre n'est pas seulement un guide théorique, mais un appel à l'action. Il nous encourage à vivre notre adoration de manière tangible, à la laisser influencer nos relations, nos choix et notre manière d'être dans le monde. Comme il est écrit dans Colossiens 3:23-24 : « Tout ce que vous faites, faites-le de tout votre cœur, comme pour le Seigneur et non pour des hommes, sachant que vous recevrez du Seigneur l'héritage comme récompense. C'est le Christ, le Seigneur, que vous servez. »

Ce passage souligne l'importance de l'adoration dans chaque aspect de notre vie. Chaque acte, qu'il soit grand ou petit, peut devenir une forme d'adoration lorsque nous le faisons avec un cœur sincère et dévoué.

Dans les chapitres suivants, nous explorerons différentes formes d'adoration, y compris la prière, la louange, et le service. Nous verrons comment ces expressions peuvent nous aider à nous rapprocher de Dieu et à vivre une vie qui reflète sa gloire. Nous aborderons également les obstacles à l'adoration, tels que le doute, la distraction et le péché, et comment les surmonter pour cultiver une relation plus profonde avec notre Créateur.

Ce livre vise à nous rappeler que l'adoration n'est pas seulement une activité que nous faisons une fois par semaine, mais un mode de vie. Chaque moment de notre journée peut être une occasion d'adorer Dieu, que ce soit à travers nos pensées, nos actions ou nos interactions avec les autres.

Nous examinerons également des exemples bibliques d'adoration authentique, en mettant en lumière des figures comme David, qui a exprimé son amour pour Dieu à travers la musique et la danse, ou Marie, qui a choisi de s'asseoir aux pieds de Jésus pour écouter Sa parole. Ces récits nous inspirent à trouver notre propre manière d'adorer et à nous engager pleinement dans notre relation avec Dieu.

Nous conclurons en réfléchissant à l'impact de l'adoration sur notre vie quotidienne. Comment l'adoration peut-elle transformer notre perspective, renforcer notre foi et nous aider à naviguer dans les défis de la vie ? En cultivant une attitude d'adoration, nous pouvons découvrir une paix et une joie qui transcendent les circonstances.

Nous espérons que ce voyage à travers l'adoration nous permettra de mieux comprendre son importance et son rôle central dans notre vie spirituelle. En intégrant l'adoration dans notre quotidien, nous pouvons développer une connexion plus profonde avec Dieu et enrichir notre expérience de foi.

Nous encouragerons également des discussions et des partages d'expériences personnelles, afin que chacun puisse témoigner de la manière dont l'adoration a influencé sa vie. Que ce soit à travers la prière, la musique, la méditation ou le service aux autres, chaque expression d'adoration peut nous rapprocher de notre Créateur.

Notre objectif est de créer un environnement où l'adoration devient une réponse naturelle à la bonté et à la grandeur de Dieu. Que ce soit en groupe ou individuellement, nous aspirons à vivre une vie d'adoration authentique qui glorifie Dieu et inspire ceux qui nous entourent. Nous vous invitons à vous joindre à nous dans cette exploration de l'adoration et à découvrir comment elle peut transformer votre vie.

INTRODUCTION

Le culte est bien plus qu'une simple pratique religieuse. C'est une expérience transformative où les cœurs sont touchés, les âmes sont nourries, et les esprits sont renouvelés.

Le culte est un concept profondément ancré dans la spiritualité humaine, exigeant une attitude d'humilité et de dévotion de la part de ceux qui souhaitent le pratiquer. Il va bien au-delà d'une simple coutume inventée par l'homme, car il trouve ses racines dans une recommandation du Tout-Puissant à son peuple. Lorsque les Israélites ont entrepris leur voyage vers Canaan, la terre promise, le culte est devenu un pilier essentiel de leur existence. C'était à travers les rituels et les célébrations dédiés à Dieu qu'ils exprimaient leur gratitude pour leur libération de l'esclavage en Egypte.

Le culte envers Dieu était le fil conducteur de leur expérience de libération, soulignant leur nouvelle identité en tant que peuple élu. Chaque offrande, chaque prière était une manifestation de leur reconnaissance envers le Créateur qui les avait délivrés de l'oppression. Leur libération n'était pas simplement un acte ponctuel, mais le début d'un cheminement spirituel marqué par la louange et l'adoration. "Libéré pour adorer ou délivré pour servir" résume de manière poignante la nature même de leur relation avec Dieu.

A travers les siècles, cette notion de culte est restée au cœur de nombreuses pratiques religieuses, unifiant les croyants dans leur engagement envers une puissance supérieure. Aujourd'hui encore, le culte demeure un moyen de se connecter avec le divin, de trouver du réconfort et de renforcer sa foi. Il transcende les barrières culturelles et linguistiques, offrant à chacun la possibilité de s'engager dans une expérience spirituelle profonde. En fin de compte, le culte est bien plus qu'une simple tradition; c'est une voie vers la transcendance et la communion avec l'essence même de l'univers.

Le culte, une notion également présente dans la Bible pour désigner ceux qui ont répondu à l'appel du Christ, ne devrait pas uniquement rassembler les enfants de Dieu, mais également encourager et faciliter l'accès au salut de Christ pour les non-croyants, car Dieu recherche un peuple qui le vénère. Lorsqu'une église offre un culte de qualité à Dieu, elle est élevée et bénéficie de sa présence, devenant ainsi une référence. Quant à ceux qui célèbrent ce culte, ils sont rapprochés de Dieu et communient avec lui. Ils sont imprégnés d'une atmosphère céleste.

Le culte a évolué dans ses formes depuis ses origines jusqu'à nos jours, tout en conservant son essence. C'est ce que ce livre explore en plaçant Jésus-Christ au centre, car c'est en lui que réside la condition de l'existence du culte. Dieu demeure immuable et sa parole ne peut être altérée ni adaptée, car tout ce que nous vivons était anticipé par elle.

Il est essentiel de comprendre que le culte va bien au-delà de simples rituels et traditions. Il s'agit d'une véritable connexion spirituelle avec le divin. Par exemple, les psaumes de louange et d'adoration sont des moyens puissants de manifester cette connexion. Lorsque les fidèles se rassemblent pour chanter et louer Dieu, l'atmosphère est chargée de présence divine.

Tous ceux qui dirigent les chants et l'adoration dans les églises doivent faciliter une transition harmonieuse afin que la présence de Dieu soit tangible. Une église qui prie est bonne, mais une église qui loue et adore est encore meilleure. Lorsque nous prions, Dieu écoute et répond, mais lorsqu'on le loue, il descend en personne (Actes 16:25-26), car il réside dans la louange de son peuple (Psaumes 22:3).

Il est crucial que les conducteurs de louange et d'adoration comprennent pleinement l'importance de leur rôle. Ils ne dirigent pas simplement des chants, mais ouvrent une porte vers la présence divine. Le chœur, les musiciens, et tous les fidèles réunis forment un seul corps dans l'adoration. En harmonie, ils créent un espace où Dieu peut agir de manière puissante.

Le culte est bien plus qu'une simple pratique religieuse. C'est une expérience transformative où les cœurs sont touchés, les âmes sont nourries, et les esprits sont renouvelés. En plaçant Jésus-Christ au centre de toute célébration, nous nous ouvrons à la plénitude de sa grâce et de sa présence. Que chaque note chantée et chaque mot prononcé soit une offrande agréable à nos oreilles divines.

Le chant choral dans le cadre du culte va bien au-delà d'une simple performance artistique, il revêt une dimension de service sacré. Devenir un conducteur de culte n'est pas le fruit du hasard, mais une responsabilité sérieuse qui nécessite une préparation adéquate. La louange, bien que volontaire, doit être guidée avec soin pour atteindre sa pleine signification. Les guides ou les conducteurs ont pour mission d'orienter le peuple vers Dieu de manière rigoureuse, en s'appuyant sur une connaissance approfondie des principes du culte.

L'importance de la connaissance dans la direction du culte ne peut être sous-estimée. Un conducteur ignorant des fondements théologiques risque de priver l'assemblée d'une expérience spirituelle enrichissante. Il est essentiel de se rappeler que tout a commencé par la chute de l'homme, mais Dieu, dans sa miséricorde, a cherché à restaurer la communion avec l'humanité. L'instruction donnée à Moïse pour la construction du tabernacle symbolise la volonté de Dieu d'habiter au milieu de son peuple.

Ce livre vise à équiper les conducteurs, les chorales ainsi que tous les fidèles pour faciliter la célébration de Dieu au sein de l'église. Les conducteurs de cultes jouent un rôle crucial en facilitant la communion avec le Dieu invisible mais présent. Ils doivent guider la chorale et toute l'assemblée vers une adoration authentique et significative. L'église vivante se caractérise par une adoration puissante, un enseignement fidèle à la vérité biblique, un comportement conforme à celui de Christ, une sensibilité à l'Esprit Saint, des prières ferventes, le respect du sacré, un amour sincère et une passion pour l'évangélisation. Ces éléments contribuent à nourrir la vie spirituelle de l'église et à favoriser sa croissance dans la foi.

Les chorales et les conducteur doivent prendre soin de guider le peuple vers le Dieu Saint et invisible mais présent. Le guide est le facilitateur pour la chorale et pour toute l'église. Il peut permettre à la chorale de prendre la direction, tout en restant en retrait. Le culte ne se résume pas à la louange et à l'adoration, mais englobe tout un éventail d'activités. Il est donc crucial d'avoir une personne qui coordonne ces éléments. Je vous propose quelques caractéristiques d'une église vivante :

- La puissance de l'adoration,
- L'enseignement de la vérité,
- L'exemplarité du caractère de Christ,
- La mouvance de l'Esprit, des prières intenses,
- Le respect du sacré, un amour authentique,
- L'évangélisation, etc.

AUCUNE ADORATION N'EST VALABLE SANS JESUS

Avec l'avènement du Christ, la Parole s'est pleinement accomplie. Le Seigneur Jésus-Christ constitue pour l'église la provision essentielle sans laquelle l'adoration perd sa raison d'être.

Qui est Jésus ?

Nous ne pouvons décemment décrire quelqu'un dont les origines ne sont pas terrestres, cependant nous pouvons lui attribuer ces quelques définitions. Jésus incarne le commencement sans avoir de commencement, il est également la fin sans avoir de fin, résidant hors du temps pour le dominer, en maître absolu des circonstances temporelles. Provenant de l'éternité, il demeure intemporel et éternel. Jésus est celui qui a existé avant même sa naissance, ayant vécu avant d'être. Il a transcendé la chair par sa divinité absolue. Après trente années d'une marche irréprochable, en seulement trois ans, ses actions ont bouleversé le cours de l'histoire humaine. Toute créature terrestre dépend de lui pour prétendre à une existence digne. Jésus est la porte céleste s'ouvrant aux hommes et le chemin les y menant inéluctablement.

Jésus, dans sa nature divine, dépasse les limites du temps et de l'espace. Il est comme une énigme vivante, un mystère qui transcende la simple compréhension humaine. Son impact sur le monde est tel qu'il a influencé des générations entières, laissant une empreinte indélébile dans l'histoire de l'humanité. Son enseignement, empreint de sagesse et d'amour, a touché les cœurs des plus humbles comme des plus puissants. Par ses miracles et ses paraboles, Jésus a montré la voie de la compassion et de la rédemption.

Penser à Jésus, c'est se tourner vers une lumière éternelle qui guide et réconforte. Sa présence transcende les siècles, offrant aux âmes en quête de sens un refuge sûr et chaleureux. En contemplant sa vie et son sacrifice, on découvre la profondeur de son amour inconditionnel pour l'humanité. Chaque mot prononcé par Jésus résonne comme une mélodie céleste, apportant paix et espoir à ceux qui l'écoutent.

Ainsi, Jésus demeure non seulement une figure historique, mais aussi une source intarissable d'inspiration et de guidance pour tous ceux qui cherchent la vérité et la lumière. Sa présence dans nos vies est un rappel constant de la puissance de la foi et de la grâce divine. En suivant ses pas, nous nous engageons sur un chemin de transformation et de renouveau, où chaque instant devient une opportunité de grandir et de s'épanouir dans la lumière de son amour infini.

Il est le remède universel guérissant toutes les afflictions. Jésus est comparable à une fontaine intarissable qui apaise la soif spirituelle de l'humanité. Sa compassion infinie se manifeste à travers ses actes de guérison et de réconfort envers les plus démunis. De même, sa sagesse éclaire nos esprits comme une étoile brillante dans la nuit, nous guidant sur le chemin de la vérité et de la paix intérieure.

Il est le cœur dont nous avons besoin en remplacement du nôtre, nous baptisant non d'eau mais de sa plénitude, nous gratifiant de son infinie grâce. Cette grâce incommensurable se répand tel un baume apaisant sur nos blessures intérieures, nous apportant réconfort et espoir en des temps de désespoir. Son amour inconditionnel nous enveloppe telle une douce couverture, nous rappelant que nous ne sommes jamais seuls dans nos épreuves.

Jésus représente la béatitude parfaite, la rosée exquise descendue du ciel pour désaltérer nos âmes assoiffées et combler le vide de nos cœurs. Sa présence bienveillante agit comme un baume régénérant pour nos âmes fatiguées, nous redonnant force et courage pour affronter les défis de la vie quotidienne. Chaque parole qu'il prononce résonne comme une mélodie céleste, apaisant nos esprits tourmentés et nous rappelant la beauté de la grâce divine.

Il est le refuge idéal et la quiétude de nos âmes, car par sa grâce, nous avons été délivrés de l'embrasement. Sa lumière éclaire notre chemin obscur, dissipant les ténèbres de l'ignorance et de la peur. En lui, nous trouvons un havre de paix où nos craintes s'apaisent et nos soucis s'envolent, car sa présence réconfortante nous assure que nous sommes aimés inconditionnellement.

Par lui, Dieu donne vie à toute chose, et vers lui toute chose converge. Chaque créature vivante témoigne de sa grandeur et de sa puissance, reflétant sa perfection infinie à travers la diversité de la création. En contemplant la beauté de la nature et la complexité de l'univers, nous sommes invités à reconnaître la présence divine en chaque être et en chaque chose qui nous entoure.

Chaque être vivant lui doit tout, car il est la source de vie incontournable. En lui, nous trouvons la plénitude de notre existence et la signification ultime de notre être. Sa grâce insondable nous comble de bénédictions et de faveurs, nous invitant à partager son amour avec tous ceux que nous rencontrons sur notre chemin. En suivant ses enseignements et en marchant sur ses traces, nous trouvons la paix éternelle et la joie véritable qui transcende toutes les souffrances de ce monde.

Avec l'avènement du Christ, la Parole s'est pleinement accomplie. Le Seigneur Jésus-Christ constitue pour l'Église la provision essentielle sans laquelle l'adoration perd sa raison d'être. A travers une dimension de l'adoration, nous discernons donc l'importance cruciale que le Christ doit occuper en nous, si nous aspirons à être de véritables adorateurs et à vivre une existence qui, sous le regard divin, exhale un parfum agréable. C'est ce qui sous-tend le présent message et justifie l'engagement des vrais adorateurs, épris de Jésus-Christ.

Lorsque nous nous tournons vers le Christ dans notre adoration, nous réalisons que son amour inconditionnel et sa grâce infinie sont les fondements sur lesquels reposent notre louange et notre culte. Par sa vie, sa mort et sa résurrection, Il a ouvert pour nous un chemin de réconciliation avec Dieu, nous permettant ainsi de nous approcher de sa présence avec confiance et gratitude. En méditant sur sa Parole et en communiant avec Lui dans la prière, nous sommes transformés de l'intérieur, renouvelant notre esprit et notre cœur pour refléter sa sainteté et sa bonté.

La relation que nous entretenons avec le Christ ne se limite pas à un simple acte d'adoration ponctuel, mais elle englobe chaque aspect de notre vie quotidienne. En suivant ses enseignements et en imitant son exemple, nous devenons des témoins vivants de sa puissance et de sa miséricorde. Notre adoration devient alors un mode de vie, une offrande continue de louange et d'obéissance, témoignant de notre attachement profond à Celui qui nous a aimés le premier. Que chaque souffle que nous prenons soit empreint de gratitude envers le Christ, source de tout bien et de toute grâce.

Tel le bélier d'Abraham jailli du néant à l'existence, Dieu a tiré son Fils, Jésus-Christ, de l'éternité pour l'introduire dans le temps en tant que provision perpétuelle pour notre adoration. Jésus est la condition sine qua non de l'existence du culte. Il proclamait ce qu'Il était, et la terre n'avait jamais connu telle perfection, car Il était le Messager porteur du Message qu'Il était. Ses paroles résonnaient avec puissance, dépassant en profondeur la loi de Moïse. Le Seigneur ne disposait que de sa parole, mais il parlait avec autorité, détenant la clé de David. Jean 7 : 46 « Jamais homme n'a parlé comme cet homme » Matthieu 7 : 29 « Il parlait comme ayant autorité et non pas comme les scribes » Nos paroles, revêtues d'autorité, engagent le Seigneur.

Dieu n'a donné que son Fils unique pour servir de modèle à l'humanité tout entière. Son nom seul est mentionné dans les Saintes Écritures, soutien de tout l'univers, visible et invisible. Aucun personnage, passé, présent ou futur, n'a porté autant d'espoir que Lui pour toutes les générations. Il a été au cœur de l'histoire de l'humanité, témoin fidèle du parcours des hommes, connaissant tout d'eux et capable d'œuvrer pour leur bonheur.

Tout doit être centré sur Jésus

Jésus-Christ occupe une place centrale et primordiale dans notre existence, comme le souligne l'Écriture en Colossiens 1:17. Sa présence est non seulement essentielle, mais elle est la raison même de notre louange et de notre adoration. En effet, lorsque nous nous tournons vers lui dans la prière et la méditation, nous découvrons une profondeur de paix et de plénitude qui transcende toute compréhension humaine. Imaginons un instant un monde où Jésus-Christ n'est pas au centre, où nos vies ne sont pas ancrées en lui ; ce serait comme un jardin privé de soleil, privé de vie et de croissance.

La louange et l'adoration prennent tout leur sens et leur éclat lorsque Jésus-Christ est le pivot de notre célébration. C'est comme si chaque note de musique, chaque mot de prière, chaque geste d'adoration convergent vers lui, comme des rivières se rejoignant pour former un fleuve majestueux. Son nom résonne dans nos cœurs comme une mélodie céleste, nous invitant à nous abandonner totalement à sa grâce et à sa miséricorde infinie.

Vivre en harmonie avec Christ, c'est vivre dans la plénitude de sa lumière éblouissante. C'est laisser sa vérité inonder nos pensées, nos paroles et nos actions, afin que chaque aspect de notre être reflète sa sainteté et sa perfection. A l'image d'un arbre planté près d'un cours d'eau, nous puisons en lui la force et la nourriture spirituelle nécessaires pour grandir et porter des fruits abondants.

Que la splendeur de la beauté de Jésus illumine nos cœurs et transforme nos vies. Qu'à chaque instant, nous soyons conscients de sa présence bienveillante et de son amour inconditionnel qui nous entourent comme un manteau de protection et d'affection. En lui, nous trouvons notre refuge sûr, notre rocher inébranlable, notre espérance éternelle. Que sa grâce infinie continue de nous guider sur le chemin de la vie, jusqu'à ce que nous soyons pleinement unis à lui dans la gloire céleste.

Jésus, par sa nature même, incarne l'excellence suprême qui illumine le parcours des saints et éclaire de sa lumière bienveillante le chemin des rachetés. Sa présence bienveillante agit tel un soutien infaillible qui allège les fardeaux pesants qui entravent notre voyage terrestre, un voyage qu'il désire voir se parer de gloire et d'élévation. Tel un promontoire majestueux offrant refuge à l'aigle en quête de repos, Jésus se dresse comme un roc inébranlable au cœur de nos vies, offrant sa protection et sa guidance.

Comme un soleil radieux se levant dans le firmament de notre existence, Jésus irradie sur nous l'éclat de sa magnificence divine, réchauffant nos cœurs et illuminant nos esprits de sa sagesse infinie. Il est le cadeau parfait de Dieu à l'humanité, une source intarissable de vie et de réconfort qui étanche la soif ardente de nos âmes tourmentées. En le plaçant au centre de notre adoration et de notre vénération, nous invitons également les autres à lui rendre hommage et à lui manifester un respect absolu, comme le souligne le livre de Daniel (6:26) dans les Saintes Écritures. Jésus, par sa grâce infinie et son amour incommensurable, demeure la clé de voûte de notre foi et le phare qui guide nos pas sur le chemin de la vérité et de la vie éternelle.

Soyons reconnaissant envers Jésus
Peu importe que nous servions Dieu ou pas, notre chemin sera jalonné de sommets et de creux, tout en reconnaissant que c'est grâce à Jésus que nous avons hérité d'un royaume indéfectible (Hébreux 12 :28). Ne pensons pas que les épreuves ne viendront plus dans notre existence. Ne croyons pas non plus que le fait de devenir chrétien efface toutes nos difficultés, ou met fin aux tentations de l'ennemi. Néanmoins, notre communion avec le Seigneur Jésus nous permet de traverser le temps avec une certaine magnificence, et de contempler l'adversité d'un point de vue supérieur. Elle nous offre l'opportunité de gérer avec Lui chaque instant de notre vie, car notre subsistance sur terre dépend de notre relation avec Lui. Ainsi, nos vies transformées sont peintes sous les teintes de la grâce, nous permettant de résider dans l'ardeur de la tentation sans être consumés, et de porter sans faiblir notre fardeau tout au long de notre parcours.

Notre communion avec Jésus-Christ nous élève au-dessus de la désolation semée par le chaos de ce monde, nous sanctifiant pour apporter une différence sous l'éclat du Soleil de la justice qui illumine nos âmes au milieu des ténèbres de ce monde. Par exemple, lorsque les difficultés de la vie semblent insurmontables, c'est notre foi en Jésus qui nous guide et nous soutient, nous donnant la force de persévérer malgré les tempêtes. De plus, la communion avec le Seigneur nous permet de voir au-delà des apparences et des souffrances terrestres, nous donnant une perspective céleste qui transforme notre manière de vivre et d'agir au quotidien.

En embrassant pleinement notre relation avec Jésus, nous sommes revêtus d'une armure spirituelle qui nous protège des attaques de l'ennemi, nous permettant de rester fermes dans la foi. Cela signifie que même lorsque les tentations et les épreuves se présentent, nous pouvons les affronter avec courage et assurance, sachant que notre force vient du Seigneur. Ainsi, notre marche avec Jésus devient une source de lumière et d'espoir pour ceux qui nous entourent, car notre transformation intérieure se reflète dans nos actions et paroles, témoignant de la puissance de la grâce divine à l'œuvre en nous.

Par Jésus nous avons accès au royaume de Dieu.

Jésus représente l'entrée par laquelle les brebis que nous sommes passent (Jean 10 :7). Il l'a solennellement affirmé à Nathanaël en déclarant : "En vérité, en vérité je vous le dis, désormais vous verrez le ciel ouvert et les anges de Dieu monter et descendre sur le Fils de l'homme"(Jean 1 : 51). C'est donc à travers Lui que nous obtenons accès au divin. Jésus est la porte céleste s'ouvrant aux hommes pour leur offrir un passage vers l'éternité. En effet, il n'a pas refermé les portes du ciel en entrant dans la gloire. Il occupe le trône en notre faveur pour que les vérités divines deviennent notre partage. Par son intermédiaire, nous expérimentons le ciel sur terre. De même, à travers lui, nous pouvons progresser vers son sanctuaire (Hébreux 10 : 19-20). Ainsi, la clé pour adorer sur terre comme au ciel réside dans le fait de n'adorer que par Jésus et de le considérer comme le pivot du culte. C'est sur terre que le ciel se prépare, et c'est dans le temps que nous façonnons notre éternité. Notre relation avec Jésus, c'est-à-dire notre adoration, nous permet de mener une vie irréprochable en vue de l'éternité.

En regardant de plus près le concept de Jésus en tant que porte céleste, on peut le comparer à une clé qui ouvre les portes du royaume divin. Par sa nature divine et humaine, il devient le pont entre le ciel et la terre, permettant aux croyants de trouver leur chemin vers Dieu. L'image des anges montant et descendant sur le Fils de l'homme souligne la connexion directe qu'il offre avec le divin. De plus, sa présence continue sur le trône céleste garantit que les bénédictions et les révélations divines nous sont accessibles à tout moment.

L'idée selon laquelle nous expérimentons le ciel sur terre à travers Jésus met en lumière la transformation intérieure que sa présence peut apporter. En le suivant et en l'adorant, nous sommes guidés vers une compréhension plus profonde de la spiritualité et de la vie éternelle. Chaque acte d'adoration devient alors une occasion de nous rapprocher du divin et de nous préparer pour l'éternité à venir. En fin de compte, notre relation personnelle avec Jésus façonne notre destinée éternelle et nous encourage à vivre selon ses enseignements pour une vie pleine de grâce et de vérité.

Le Roi Jésus-Christ doit régner en nous de manière souveraine, siégeant majestueusement au cœur de nos vies, une condition essentielle pour entrer dans son Royaume éternel. Dieu ne transige pas sur cette exigence fondamentale. Il accorde à l'humanité la possibilité de se soumettre au Fils, de le chérir et de l'adorer, en vue de préparer avec joie leur éternité. Jésus lui-même nous a encouragés à prier pour l'avènement du règne de Dieu, pour que le céleste se manifeste sur la terre (Matthieu 6 : 10). Il est donc crucial que les adorateurs se concentrent sur la présence divine et sa volonté, afin de vivre pleinement les bienfaits de l'adoration.

Lorsque nous permettons à Jésus de régner en nous, nous expérimentons une transformation profonde. Cela se traduit par des actions empreintes de compassion, de pardon et d'amour envers notre prochain. Par exemple, en imitant la générosité de Jésus envers les pauvres et les opprimés, nous devenons des canaux de bénédiction pour ceux qui sont dans le besoin. De plus, en laissant Jésus régner dans nos cœurs, nous trouvons la paix intérieure et la force pour surmonter les épreuves de la vie.

La soumission à Jésus n'est pas seulement un acte isolé, mais un mode de vie continu. Cela implique de chercher sa volonté dans toutes nos décisions et de Lui rendre grâce pour ses bénédictions quotidiennes. Par exemple, en priant régulièrement et en étudiant sa Parole, nous nous alignons davantage sur son plan pour nos vies. Ainsi, en mettant Dieu au centre de nos préoccupations, nous sommes assurés de vivre une existence épanouie et gratifiante.

La souveraineté de Jésus dans nos vies n'est pas simplement une formalité, mais une invitation à une relation intime et transformante avec le Créateur de l'univers. En nous soumettant à son autorité avec humilité et gratitude, nous nous préparons à jouir de son Royaume éternel, où règnent la paix, la joie et l'amour inconditionnel. Que notre adoration soit un reflet de notre profonde reconnaissance envers celui qui nous a aimés le premier.

Jésus est tout l'investissement de Dieu.

Dieu, en présentant son Fils, déclara : "Celui-ci est mon Fils bien-aimé, en qui j'ai mis toute mon affection. Écoutez-le"(Mathieu 3 :17). Il était prédestiné que par le Fils de son amour, l'accès à la gloire future serait réalisé. Ainsi, il est le joyau précieux qui nous ouvre les portes des merveilles de l'éternité, un bonheur incommensurable que les mots humains ne sauraient pleinement décrire. En reconnaissant l'autorité suprême de Jésus, nous parvenons à manifester une dépendance totale. Jésus représente le Don parfait de Dieu pour notre bonheur éternel. Jésus-Christ est "le seul nom qui nous a été donné dans le ciel, sur la terre et sous la terre." Chaque individu appartient à un peuple, à une tribu, à une nation, Jésus non.

Lorsque Dieu a présenté son Fils bien-aimé, il a souligné l'importance de l'écouter et de suivre ses enseignements pour accéder à la pleine réalisation spirituelle. Cela nous rappelle l'histoire de Moïse, un autre prophète important dans la tradition judéo-chrétienne, qui a conduit les Hébreux hors de l'esclavage en Égypte vers la Terre promise. De la même manière, Jésus est le guide divin qui nous conduit vers la promesse de la vie éternelle.

En reconnaissant Jésus comme l'autorité suprême, nous exprimons notre confiance totale en sa sagesse et son pouvoir salvateur. Il est notre intercesseur auprès de Dieu, nous offrant la possibilité d'une relation intime avec le Créateur. Cela nous rappelle la parabole du fils prodigue, où l'amour inconditionnel du père accueille le retour de son enfant égaré.

Chaque individu, appartenant à un peuple, à une tribu, à une nation, trouve en Jésus-Christ une unité spirituelle qui transcende les frontières terrestres. C'est à travers cette diversité que la richesse de l'humanité se révèle, reflétant la multitude des dons de Dieu à travers le monde. Ainsi, en acceptant Jésus comme le lien qui nous unit tous, nous célébrons la diversité et l'unité dans la foi.

Cependant, il est important de comprendre que Dieu possède un Royaume éternel, et que Christ en est le Souverain absolu. Ce royaume puissant transcende les frontières terrestres, rassemblant en son sein des peuples de toutes origines, langues, races et tribus. Imaginez un vaste royaume où la diversité est célébrée, où chaque individu trouve sa place et sa valeur. Jésus-Christ est la porte d'entrée de ce royaume, et sa présence en est l'éclat qui le rend resplendissant aux yeux de ceux qui croient en lui.

Ne pas communier véritablement avec Christ est plus qu'une simple perte, c'est un drame pour l'éternité. C'est manquer l'opportunité de vivre en harmonie avec la volonté divine, de recevoir les bénédictions et la grâce infinie qui découlent de cette communion. Lorsque nous invoquons le nom de Jésus, il nous est promis que nos demandes seront exaucées. C'est une promesse d'amour et de soutien inconditionnel que Jésus nous offre.

Jésus représente l'investissement divin ultime pour l'humanité. Son sacrifice sur la croix est la preuve suprême de cet amour incommensurable. En croyant en lui, nous recevons la provision nécessaire pour surmonter les défis de la vie, pour trouver la paix intérieure et la force de persévérer. Ayez foi en ses paroles, car tout ce que vous demanderez en son nom, il le fera. En Jésus, nous trouvons non seulement le Sauveur, mais aussi le guide, le protecteur et le consolateur. Que cette vérité résonne en vous et vous apporte la paix et la certitude dans votre cœur.

Il demeure ce trésor inestimable qui nous ouvre les portes des merveilles de l'éternité, un bonheur que le langage humain ne saurait pleinement décrire. Jésus est l'investissement divin pour le salut de tous. Les clés du Royaume symbolisent toute la puissance disponible en notre faveur, dans l'adoration, lorsqu'elle est fondée sur la révélation de Jésus-Christ.

Jésus est adorable
L'essence de Jésus est Divine (Colossiens 2 :9), donc il est vénérable. Malheureusement, le diable a trompé le monde, entraînant même les chrétiens dans cette tendance à remettre en question la nature du Christ. Cela les conduit à adorer ce qu'ils ne comprennent pas, les privant ainsi de la véritable adoration. L'ennemi de l'adoration, le diable, n'apprécie pas que Dieu soit vénéré. Par conséquent, il introduit subtilement la confusion au milieu de la vérité, semant ainsi la confusion concernant la Personne et l'œuvre de Jésus-Christ. Ne pas reconnaître l'identité authentique de Jésus-Christ est une atrocité qui prive les hommes du bonheur de le vénérer, et le Seigneur de l'honneur qui lui est dû. Avec minutie, il a ourdi le mensonge depuis la résurrection du Seigneur, faisant corrompre de manière machiavélique les soldats chargés de garder son

tombeau, afin qu'ils propagent un mensonge odieux affirmant que ses disciples avaient enlevé son corps. Une calomnie qui, malheureusement, perdure dans le monde jusqu'à aujourd'hui.

Toutes les créatures ont reçu l'injonction de vénérer, les anges ainsi que les hommes ont reçu du Père Eternel le commandement suprême de le vénérer, et nul ne peut s'y soustraire (Apocalypse 5 :12). Ceux parmi les hommes qui négligeraient cette recommandation subiraient le sort réservé aux rebelles. Les écritures déclarent à ce sujet : "Ils sont donc inexcusables, car ayant connu Dieu, ils ne l'ont pas glorifié comme Dieu et ne lui ont pas rendu grâce"(Romains 1 :20-21). L'injonction de vénérer le Fils est donnée aussi bien aux anges qu'aux hommes (Hébreux 1 :6-10). Et cette injonction est suprême, venant directement de Dieu lui-même, le Père de tous les esprits. Les hommes hésitent et réfléchissent face aux ordres auxquels ils devraient se soumettre sans tarder. La volonté de Dieu n'a jamais été aussi claire en matière d'adoration, et toutes les créatures célestes et terrestres invitées à cette exaltation doivent s'y conformer sans contestation. Jésus-Christ est digne de notre vénération, et cette adoration atteint le ciel, inspirant les hommes sur terre à lui rendre hommage, afin que de la terre monte également vers le trône l'adoration des rachetés qui magnifient le Fils. Ainsi, la démarche de tout chrétien devrait se focaliser sur cette préoccupation, afin que l'adoration du Fils nous rapproche des mystères de sa grandeur et nous façonne au quotidien à l'image des véritables adorateurs qui réjouissent le Père. Lorsque l'on connaît Christ, on le vénère davantage, et les paroles pour le faire jaillissent spontanément.

Une authentique adoration repose sur la révélation de Jésus, source de la force de l'Église et de tous les adorateurs (Matthieu 16 :13-19). L'Église primitive a pris son essor lorsque la révélation du Christ est apparue. Connaître le Seigneur Jésus-Christ est une condition préalable pour que notre adoration soit puissante et affirme son caractère offensif face aux puissances obscures.

Jésus a eu un échange avec ses disciples, désirant ardemment qu'ils le connaissent, commençant par poser la question : "Qui disent les gens que je suis ?"Cette question révèle la préoccupation profonde de notre Seigneur, souhaitant que tous parviennent à le connaître (1 Timothée 2 :4). La révélation de Jésus nous transmet son autorité. Nous devrions donc nous arrêter et méditer avec les yeux de nos cœurs sur ces vérités marquant notre investiture dans la sphère de sa grandeur. Une question en apparence simple, mais qui installe la dimension divine en nous, démontrant de manière éloquente le transfert d'autorité qui équipe aussi bien l'Église que les adorateurs contre les forces du mal. Puisque le Père a investi en Jésus, nous possédons tout en lui et nous glorifions Jésus en retour.

Si tous les chrétiens connaissaient la véritable nature de Jésus-Christ, les ténèbres qui enveloppent ce monde se dissiperaient et la Lumière de Dieu éclairerait le monde, car la révélation du Christ place l'Église dans une position de victoire sur les puissances des ténèbres. Lorsque les adorateurs vivent une révélation de Dieu, les promesses descendent sur eux. C'est après la révélation de Christ qu'il a fait la promesse à Simon et lui a remis la clé. C'est là un véritable prodige, des clés qui ouvrent toutes les portes qui doivent s'ouvrir et ferment celles qui doivent rester closes. La révélation du Fils de Dieu nous confère les clés du Royaume.

Jésus rend puissante notre adoration

Toutes nos actions entreprises en invoquant le nom de Jésus seront couronnées de succès, car Jésus est le véritable chemin menant au Père. Il est la condition sine qua non de tout acte de culte. Notre essence découle non pas de biens matériels ou de compétences, mais de la profonde présence de Jésus-Christ en nous. Il est impératif de se laisser entièrement guider par le Saint-Esprit, qui est l'Esprit du Christ, pour que notre adoration soit authentique et efficace. En effet, une adoration sincère et ajustée possède une force prodigieuse. Chaque fois que nous louons Dieu au nom de Jésus, toute adversité s'incline et se dissipe, car le nom de Jésus est un rempart inébranlable. Sa puissance est telle que tout genou fléchit devant lui (Philippiens 2 :9-11). L'adoration est une proclamation de la grandeur divine qui crée un environnement propice à la manifestation de sa puissance. Par exemple, lorsque nous nous rassemblons en tant que communauté pour louer et adorer Dieu, l'unité et la paix se répandent parmi nous. La présence de Jésus lors de ces moments est palpable, et sa grâce abonde. De même, lorsque nous prions individuellement en invoquant le nom de Jésus, nous ressentons sa proximité et sa guidance dans nos vies. Cela renforce notre foi et notre confiance en lui. De plus, la lecture régulière de la Bible et la méditation sur ses enseignements nous aident à mieux comprendre sa volonté pour nous et à nous rapprocher de lui.

Il est essentiel de se rappeler que l'adoration n'est pas simplement un acte extérieur, mais une expression profonde de notre amour et de notre dévotion envers Dieu. C'est un moment sacré où nous nous humilions devant sa grandeur et sa majesté. En nous abandonnant pleinement à sa volonté et en suivant ses enseignements, nous sommes transformés et renouvelés par sa grâce infinie. Ainsi, que chaque louange et chaque adoration que nous offrons au nom de Jésus soient empreintes de sincérité et de reconnaissance pour tout ce qu'il est et a fait pour nous.

LE CIEL SUR TERRE

A travers nos moments d'adoration, nous parvenons à rendre un culte qui est l'image et l'ombre des choses célestes, démontrant ainsi le transfert direct d'une atmosphère céleste sur terre

L'adoration représente le moyen par lequel nous transportons l'atmosphère céleste sur la terre. Notre objectif dans l'adoration est de permettre à la volonté divine de se manifester sur terre, comme Jésus l'a enseigné à ses disciples en leur apprenant à prier, leur disant : "Que ton règne vienne, que ta volonté soit faite sur terre comme au ciel"(Matthieu 6 :10). Lorsque nous adorons en nous offrant comme un sacrifice, Dieu réside en nous, car en le considérant avec respect et en le mettant à part, il vient résider dans notre adoration. Son royaume est déjà présent parmi nous, et nous n'avons plus à le chercher ailleurs (Luc 17 :21).

Depuis la création du monde, rien de tel n'avait été vu par les hommes, car Christ avait pratiquement ramené le ciel sur terre. Il disait à Nathanaël : "Désormais, vous verrez le ciel ouvert et les anges de Dieu monter et descendre sur le Fils de l'homme". Il conservait une attitude naturelle face à des événements surnaturels. Il vivait le sublime de manière ordinaire ; il utilisait le langage humain pour illustrer la grandeur divine ; il transposait le ciel sur terre de la manière la plus simple ; il communiquait les merveilles codées de Dieu à travers le langage humain ; il vivait la gloire de manière humaine ; il était partout tout en étant à un endroit précis ; il percevait ce qui était caché et connaissait ce qui n'était pas révélé ; il était la manifestation visible de Dieu invisible ; le temps n'avait pas d'emprise sur lui.

Notre relation avec Jésus nous élève au statut de citoyen du ciel vivant sur terre. Nous sommes des êtres spirituels ayant des expériences physiques. A travers nos moments d'adoration, nous parvenons à rendre un culte qui est l'image et l'ombre des choses célestes, démontrant ainsi le transfert direct d'une atmosphère céleste sur terre (Hébreux 8 :4-5).

En Jésus, nous expérimentons le ciel sur terre et toute la plénitude de Dieu, car il est l'incarnation même de cette plénitude. Cependant, les hommes qui l'ont vu naître le considéraient comme un simple homme, descendant de Juda, de la ville de Nazareth, fils de Joseph le charpentier. Ils l'avaient vu grandir et le nommaient "le Nazaréen". Leur connaissance se limitait à son humanité, ignorant totalement sa nature glorieuse, essentiellement divine. Cette familiarité avec ses contemporains avait entravé la reconnaissance et le respect qui lui étaient dus. Cette proximité avec eux était devenue la principale raison de leur incrédulité, les empêchant de vivre pleinement la grâce divine.

Pourquoi ne vivons-nous pas assez de miracles en cette ère

Ça se dirait mieux par cette interrogation sur comment susciter la bienveillance divine dans nos vies ? Chaque fois que nous adorons Jésus, nous aspirons à attirer sa faveur sur nous. La faveur divine est un décret céleste qui nous élève là où nous sommes. Dieu sonde nos pensées profondes, nous permettant de nous élever vers lui tout en restant ancrés dans la réalité terrestre, mais avec un esprit céleste. Cependant, beaucoup ne goûtent pas à cette faveur divine en raison du fossé entre leur perception de Dieu et sa véritable essence.

La faveur de Dieu représente une inclination bienveillante de sa part envers l'humanité, une bénédiction qui n'est pas méritée par les œuvres, les mérites ou les privilèges, mais accordée par pure grâce. C'est un acte de générosité, une démonstration d'amour et d'affection. Cette faveur divine répand les bénédictions de Dieu sur nous, nous précédant pour préparer le chemin et servant de tremplin vers le sommet. Lorsque la faveur divine nous élève, personne ne peut nous faire chuter. Ce don de la faveur divine provient directement de Dieu, capable de transformer un individu de la geôle au palais, comme Joseph (Genèse 41:14), ou de la fosse aux lions au palais en l'espace de 24 heures, comme Daniel.

La faveur divine magnifie les destins, doublant la gloire de Dieu dans la vie de celui qui la reçoit. Elle élimine les luttes et les combats, facilitant l'accès aux bénédictions et déversant l'abondance sur nous, nous rendant capables de recevoir les trésors divins. Cette faveur divine nous assure le succès dans tous les domaines, amenant nos ennemis à se prosterner devant nous. Elle induit une compétition pour nous faire du bien, faisant de nous des bénéficiaires privilégiés. La faveur divine apporte toujours une différence significative dans nos vies, nous ouvrant les portes de la promotion là où d'autres ne peuvent y accéder. Elle suscite la compassion divine, attirant le regard de Dieu sur nous lorsque toutes les autres voies semblent fermées.

En étant candidat à la faveur divine, nous bénéficions d'un avantage indéniable partout où nous nous trouvons. Comme ce fut le cas pour Joseph, lorsque la faveur divine descend sur notre vie, tout peut changer en vingt-quatre heures, permettant une métamorphose rapide de notre situation, comme ce fut le cas pour David. Le succès dans la vie découle directement de la faveur de Dieu, et toute grâce exceptionnelle appelle une faveur exceptionnelle en retour. La grâce nous accorde des bienfaits qui ne nous sont pas dus, mais que Dieu nous offre pour manifester Son amour.

La faveur divine nous ouvre les portes des mystères divins, nous permettant de triompher des adversités et de nous élever à partir de rien. Lorsque la faveur divine repose sur nous, les autres manifestent un intérêt spontané, annonçant notre arrivée et reconnaissant notre valeur. Cette faveur nous protège de toute oppression, nous élevant vers l'excellence.

En étant favorisés par Dieu, nous obtenons des bénédictions uniques qui nous distinguent au milieu de la foule. Elle facilite les rencontres divines, nous rendant agréables aux yeux de Dieu et créant en nous une préférence divine qui transcende les qualifications humaines qui nous entourent.

Comment vivre les faveurs divines ?

- **Etre ami de Dieu**

La première clé réside dans l'établissement d'une amitié avec Dieu, car la faveur et la miséricorde ne désertent jamais un ami divin. IL est une chose de renaître spirituellement, mais c'est tout autre que de cultiver une communion, une amitié avec le Divin. Devenir l'ami de Dieu requiert certaines vertus, car un tel ami ne profère pas de mensonges, ne commet ni vols ni actes immoraux. IL ne se complaît pas dans la tromperie, l'impudicité ou les pensées malveillantes, mais il laisse transparaître la vérité au plus profond de son être. Les faveurs célestes ne peuvent être pleinement appréciées que si l'on est déjà qualifié d'ami par Lui (Jean 15:14-15).

Cultiver une amitié avec Dieu va bien au-delà de simples actes de piété. Cela implique de vivre sa vie en accord avec les principes divins, de pratiquer la compassion et la bienveillance envers autrui, et de chercher à être une source de lumière et de vérité dans le monde. Par exemple, un ami de Dieu prendrait le temps d'aider un voisin dans le besoin, de pardonner à ceux qui l'ont offensé, et de chercher à répandre l'amour et la paix où qu'il aille.

En développant une amitié authentique avec le Divin, on s'engage dans une relation profonde et significative qui transforme non seulement notre propre être, mais aussi notre interaction avec le monde qui nous entoure. C'est en étant fidèle à ces valeurs et en vivant selon les enseignements divins que l'on peut réellement expérimenter la plénitude des bénédictions célestes et la guidance spirituelle. Ainsi, chaque jour devient une occasion de grandir dans l'amitié avec Dieu et de manifester Sa lumière en toutes circonstances.

- **Une vie mise véritablement mise appart.**

La deuxième clé réside dans la pratique de la sainteté, en menant une vie sans compromis. De nos jours, de nombreuses personnes refusent d'écouter de tels enseignements, préférant les dons sans le donateur, la prospérité sans celui qui la dispense. Comme le mentionne la Bible : "Sans la sanctification, nul ne verra le Seigneur"(Hébreux 12:14). En d'autres termes, pour être en communion avec Dieu, il est essentiel de mener une vie sainte et vertueuse.

En l'absence de sainteté, la faveur divine demeure hors de portée. Cela signifie que si l'on ne cherche pas à vivre selon les principes divins et à suivre la voie de la droiture, on risque de se retrouver éloigné de la grâce de Dieu. Par exemple, les actions impies et les pensées corrompues peuvent nous éloigner de Dieu et de sa bénédiction. La sainteté est donc une condition sine qua non pour bénéficier de la faveur divine.

Une vie souillée conduit à la défaveur, car Dieu est saint et ne peut être fréquenté que par des âmes saintes (1 Thessaloniciens 4:3-8). Cela souligne l'importance de maintenir une conduite pure et droite pour être en communion avec le divin. Par conséquent, il est crucial de cultiver la sainteté dans tous les aspects de notre vie, que ce soit dans nos actions, nos paroles ou nos pensées.

Si vous ne lui permettez pas d'être présent en vous, sa grâce vous sera également refusée. Cela met en lumière le lien étroit entre la présence de Dieu en nous et sa grâce qui découle de cette intimité spirituelle. Par exemple, en pratiquant la prière et la méditation régulièrement, nous ouvrons notre cœur à la présence divine et nous recevons sa grâce de manière abondante. La sainteté est donc un chemin vers la bénédiction et la protection divines.

Tant que la sainteté n'est pas ancrée en vous, le diable ne vous craint pas, la maladie ne vous épargne pas, et l'échec ne vous respecte pas. Cela souligne que la sainteté agit comme un rempart contre les forces négatives et les épreuves de la vie. Par exemple, en cultivant des pensées positives et des actions justes, nous renforçons notre protection spirituelle contre les influences néfastes. Ainsi, la sainteté nous préserve des dangers et des épreuves qui pourraient nous affliger sans cette protection divine.

- **Soyez une bénédiction**

La troisième clé réside dans le fait d'être une source de bénédiction pour autrui, car les individus égoïstes ne sauraient obtenir la faveur divine (Proverbes 11 :27). Lorsque vous vous efforcez de prodiguer des bénédictions à autrui, vous êtes susceptible de recevoir une faveur extraordinaire, à l'instar de la veuve de Sarepta (2 Rois 4 :8-16). Prenons l'exemple de la veuve de Sarepta qui, malgré sa propre situation difficile, a partagé son dernier repas avec le prophète Elie, et en retour, a été bénie avec une provision miraculeuse qui a duré pendant toute la période de la famine.

Il est crucial de traiter les autres de la manière dont vous souhaiteriez être traité, car si vous aspirez à obtenir les faveurs de Dieu, faites preuve d'enthousiasme pour son royaume. En s'investissant pleinement dans l'œuvre de Dieu, comme l'a fait le roi David dans la construction du temple, on peut voir la main de Dieu agir de manière puissante et transformative. Lorsque votre engagement pour son royaume est total, que tout ce qui le concerne vous touche profondément, vous pouvez alors conclure une alliance avec sa grâce. En devenant une source de bénédiction pour autrui, vous vous rapprochez directement de Dieu, car vous portez de l'affection à ceux qui vous entourent.

Se montrer généreux et bienveillant envers les autres, même dans les petites actions de la vie quotidienne, peut avoir un impact significatif et refléter la nature aimante de Dieu. L'exemple de la femme qui a offert ses deux petites pièces dans le trésor du temple illustre comment même les offrandes modestes offertes avec un cœur sincère sont précieuses aux yeux de Dieu. En embrassant la mission d'être une source de bénédiction pour autrui, vous témoignez de l'amour divin et devenez un canal par lequel la grâce de Dieu peut se répandre et toucher les vies de nombreuses personnes.

- **Le don sacrificiel**

La quatrième clé pour attirer la faveur divine réside dans le don sacrificiel. Beaucoup d'entre nous donnent des offrandes, mais pas de manière sacrificielle. Si vous aspirez à l'attirance de la faveur divine dans votre vie, donnez de façon sacrificielle. Lorsqu'une offrande est de nature sacrificielle, vous attirez la faveur divine dans votre existence (Genèse 22 :9-18). Prenons exemple de la vie de David, qui était résolu à offrir à Dieu quelque chose de précieux.

Dans la Bible, nous voyons comment Abraham a offert son fils Isaac en un acte de foi et d'obéissance à Dieu. Cet acte sacrificiel a été pleinement accepté par Dieu, démontrant la profondeur de la foi d'Abraham et sa confiance en la providence divine. De même, lorsque nous donnons de manière sacrificielle, nous montrons notre engagement et notre confiance en Dieu, ouvrant ainsi la voie à sa faveur dans nos vies.

Il est essentiel de comprendre que le don sacrificiel ne se limite pas à des biens matériels, mais englobe également notre temps, nos talents et nos ressources pour servir les autres et glorifier Dieu. Par exemple, la veuve qui a donné ses deux petites pièces dans le temple a été louée par Jésus pour son don sacrificiel, car elle a donné tout ce qu'elle avait. De même, lorsque nous offrons de tout notre cœur et de tout notre être, Dieu reconnaît et bénit notre sacrifice.

Le don sacrificiel est un acte de foi et d'adoration qui ouvre la voie à la faveur divine dans nos vies. Que nous donnions de nos biens, de notre temps ou de nos talents, que cela soit fait avec un cœur généreux et une volonté de servir Dieu. En imitant les exemples bibliques de sacrifice, nous pouvons expérimenter la puissance transformative de la faveur divine dans nos vies.

REMETTRE L'ADORATION A SA PLACE.

Il est crucial de comprendre que l'adoration ne doit pas être perçue comme une simple transaction où l'on attend des bénédictions en échange de nos louanges et de nos services. Dieu est bien plus que cela.

Le mot adoration en hébreu, traduit par "avodah", ne se limite pas à une simple expression de danse ou de chant dans l'église. Il va bien au-delà de cela. En réalité, l'adoration est un concept profondément ancré dans le service et le travail liés au culte de Dieu. C'est un acte qui exprime la relation intime et la réponse à la bonté divine. Comme le souligne Deutéronome (10:12-13), Dieu demande à Israël de Le craindre, de marcher dans ses voies, de l'aimer et de le servir de tout cœur et de toute âme, en observant ses commandements pour être comblé de bonheur.

L'adoration véritable commence par la reconnaissance de notre vocation à servir, à connaitre Dieu et à travailler pour lui. C'est un acte exclusivement réservé au Seigneur, une manifestation de notre relation profonde avec lui. En servant Dieu et en travaillant pour sa gloire, nous témoignons de notre amour pour lui et de notre obéissance à ses préceptes. C'est un moyen de proclamer sa seigneurie sur nos vies et de reconnaître qu'Il est le Souverain de toutes choses.

Il est crucial de comprendre que l'adoration ne doit pas être perçue comme une simple transaction où l'on attend des bénédictions en échange de nos louanges et de nos services. Dieu est bien plus que cela. Il est le Maître incontesté de l'univers, celui qui mérite tout respect et toute autorité. En étudiant l'exemple de la femme au puits dans (Jean 4:9), nous voyons comment Jésus révèle progressivement sa véritable identité de Maître et de source de vie éternelle.

En reconnaissant pleinement la souveraineté de Christ et en se soumettant à lui comme Seigneur, la femme au puits commence à entrer dans une véritable adoration. Notre relation avec Dieu ne devrait pas être basée sur des demandes égoïstes, mais plutôt sur une reconnaissance humble de sa grandeur et de sa bonté infinie. En comprenant que Dieu est le Maître de tout, nous sommes appelés à l'adorer avec sincérité et à nous abandonner à sa volonté

Dieu est le souverain Tout-puissant en raison de sa capacité à contrôler toutes choses et de sa possession universelle. L'adoration représente une réponse à la révélation que nous avons de Dieu, marquant une reconnaissance et une attribution de toute chose à sa source. Etant le créateur de tout, il est légitimement le propriétaire de tout. Parfois, il peut nous être difficile de reconnaître Dieu comme l'origine de toute chose, ce qui fait de notre adoration un combat entre le Divin et l'humain. L'acte d'adoration doit découler de la révélation de la source de toute création. Votre adoration reflète ce que vous savez de Dieu.

Lorsque l'église a une compréhension authentique du rôle de la créature face au créateur, c'est alors que l'adoration peut commencer. Si vous ne pouvez pas louer Dieu pour ce que vous avez déjà, vous ne pourrez pas le louer pour ce que vous pourriez avoir. Si vous ne pouvez pas lui exprimer de la gratitude pour chaque souffle, alors vous manquez de reconnaissance. Lorsque les modérateurs se lèvent et encouragent l'assemblée à chanter avec ferveur, c'est révélateur. En fait, si l'église a besoin d'être poussée à chanter, cela signifie que les gens n'ont pas une réelle affection pour Dieu. Ils doivent plutôt réaliser que tout ce qu'ils possèdent est en réalité pour Dieu, et que les genoux qu'ils hésitent à plier lui appartiennent en fin de compte.

En comprenant la source de toute chose, vous n'aurez pas besoin de quémander de l'énergie, mais vous éprouverez une constante gratitude. Vous saurez dire merci pour la capacité de sauter, de voir, de parler, pour la vie en dépit de tout, pour la transformation par sa grâce, pour le sens du toucher, et bien d'autres aspects. Notre existence devrait être un reflet de gratitude et une réponse à la connaissance de la source créatrice de toute chose, qui est le véritable Dieu. Il n'y a aucune excuse valable pour ne pas louer Dieu. Tant que nous avons la vie en nous, nous devons manifester cette reconnaissance de manière tangible afin de célébrer Jésus, la source de tout.

L'élévation sociale devrait être une motivation majeure pour se laisser aller dans la gratitude plutôt que de se retenir. Que vous soyez politicien ou homme d'affaires, reconnaissez que la source de tout ce que vous possédez appartient à Dieu, et rendez-lui hommage pour que votre existence perdure. Il n'y a aucune excuse valable pour ne pas exprimer une célébration intense.

Le prétexte souvent avancé est que l'on ne peut pas danser de manière exubérante devant ses subordonnés, les jeunes à l'église, et ainsi de suite. Le plus grand livre de la Bible, qui renferme de nombreux cantiques de louange, a été rédigé par un homme politique, l'un des plus grands rois d'Israël (1 Rois 2:10-12). Il dansait devant ses sujets. Comment cet homme politique a-t-il pu composer le plus grand livre de la Bible ? C'est simple : il prenait le temps de se laisser guider par Dieu dans les collines, où il vivait des expériences spirituelles et composait ces nouveaux cantiques.

David a réalisé que les montagnes et les collines où il passait du temps appartenaient à Dieu. Le temps qu'il consacrait à son troupeau était également dédié à Dieu, de même que la laine des moutons utilisée pour confectionner ses vêtements. Tant que les croyants n'ont pas saisi cette réalité, ils auront du mal à placer l'adoration à sa juste valeur. Votre vie est une école dont la matière principale devrait être la connaissance de Dieu. Toutes les disciplines que vous y apprenez sont des expériences. David n'a cessé d'exprimer sa gratitude envers Dieu à travers ses écrits, que nous appelons aujourd'hui les psaumes. Vous n'écrirez peut-être pas de psaume, mais vous avez constamment des louanges à offrir à Dieu.

Le lion et les ours étaient des cantiques que David devait chanter à Dieu. C'est lorsqu'il entamait un couplet qu'arrivait un refrain. Qui est votre lion? Qui est votre Goliath? Vos ours et vos Goliath sont des chants authentiques que vous avez dédiés à Dieu. Comment rétablir la primauté de l'adoration?

• **Soyez authentique**

Vous ne pourrez pas véritablement exprimer en paroles ce qui dépasse votre compréhension de Dieu. Etre authentique dans votre relation avec lui va bien au-delà de simplement répéter des formules toutes faites; il s'agit en réalité d'être sincère, même si cela peut parfois signifier être en désaccord avec les normes établies. Il est crucial de ne pas tomber dans le piège de chanter des louanges sans réellement connaître la nature de Dieu. Si vous vous contentez de répéter ce que les autres disent sans une véritable connexion personnelle avec la divinité, vous risquez de perdre votre authenticité.

Un exemple frappant de ce principe est celui de David qui, avant d'affronter Goliath, se vit proposer l'armure de Saül, malheureusement, cette armure ne lui convenait pas et il préféra aller combattre avec ses propres moyens (1 Samuel 17:38-39). De la même manière, tant que vous n'avez pas fait l'expérience directe de la puissance et de la grâce de Dieu, vous risquez de vous retrouver comme David, encombré d'une armure qui n'est pas la vôtre.

Dans l'Evangile selon Jean, il est dit que Dieu est esprit et que ceux qui veulent vraiment l'adorer doivent le faire en esprit et en vérité. Cela signifie que l'adoration authentique va bien au-delà des simples gestes rituels ; elle doit émaner du plus profond de votre être. Si votre culte se résume à des pratiques superficielles dictées par des traditions humaines, vous risquez de manquer l'essence même de la relation avec Dieu.

Il est crucial de reconnaître Dieu comme la source de toute chose pour pouvoir réellement lui plaire. Tant que votre cœur est prisonnier de vos propres désirs et ambitions, vous aurez du mal à vous ouvrir à la véritable grandeur de la Divinité. Cherchez donc à approfondir votre relation avec Dieu, à le connaître de manière personnelle et intime, pour pouvoir vivre une vie authentique et en accord avec sa volonté.

• **Reconnaitre la source**

Aussi longtemps que vous ne savez pas tout transférer à la source suprême, c'est-à-dire que jusqu'à présent vous ne savez pas encore adorer, par conséquent vous ne remettez pas encore l'adoration à sa juste place. L'adoration est centrale dans la Bible. (Psaumes 95:6) : « Venez, prosternons-nous et adorons, fléchissons le genou devant l'Eternel, notre créateur. » Ce verset illustre que l'adoration est au cœur de la relation entre l'humanité et Dieu, soulignant l'importance de se prosterner et de rendre hommage à notre créateur. L'adoration est un thème central à travers les écritures, reflétant notre réponse à la grandeur de Dieu. L'adoration revient à se prosterner devant lui et lui offrir tout ce qui est à nous. Nos enfants sont à lui, la vie que nous possédons est à lui, tout ce que nous avons sans retenue est à lui, y compris nous-mêmes.

En nous prosternant devant lui, nous lui déclarons directement notre totale soumission. Lorsque nous nous allongeons face contre terre, nous lui signifions que notre corps lui appartient entièrement. Quand les individus se questionnent sur l'obéissance, ils ne font pas référence à ce que Dieu n'a pas mentionné, mais plutôt à ce que notre conscience doit soumettre à Dieu en tant que légitime propriétaire de toute chose. En nous offrant librement à la souveraineté de Dieu, nous reconnaissons alors que tout ce que nous sommes lui appartient. Cela, nous l'appelons l'adoration.

- **Dependre totalement de Dieu.**

Alors que les gens disent que nous appartenons à Dieu et que nous dépendons de lui, il est essentiel de comprendre que notre espoir véritable réside en lui. Dieu ne désire pas une offrande partielle de notre part, mais plutôt une consécration totale. Comme il est écrit dans (1 Pierre 2:9), Dieu souhaite que nous soyons vraiment une race et un peuple mis à part pour lui.

Lorsque nous exprimons notre admiration pour Dieu chaque jour et que cela devient notre mode de vie, cela témoigne de notre totale appartenance à lui. Les anges, conscients de la grandeur de Dieu, se prosternent devant lui sans contrainte, car ils reconnaissent sa souveraineté. En revanche, lorsque les gens sont forcés d'adorer, chanter ou se prosterner, cela révèle une méconnaissance de la nature de Dieu.

Il est primordial de consacrer nos moments les plus précieux à exprimer notre amour et notre reconnaissance envers Dieu. En reconnaissant notre dépendance totale envers lui, nous nous positionnons en tant que véritables adorateurs. Il est crucial d'identifier les influences dans nos vies qui pourraient détourner notre adoration de Dieu. En nous abandonnant entièrement à lui, nous replaçons l'adoration à sa juste place, faisant de Dieu le centre de notre existence.

Chaque acte d'adoration est accompagné des titres de Seigneur et d'Eternel pour souligner la souveraineté de Dieu sur toute la création, y compris sur nous. Tout ce que nous possédons, que ce soit notre temps, notre intelligence, nos biens matériels, tout appartient à Dieu. En reconnaissant cette réalité, nous sommes libres de nous prosterner devant lui et de lui offrir notre vie entière. C'est alors que Dieu commence à agir pleinement dans nos vies, nous libérant de la fausse perception de la pauvreté basée sur des comparaisons mondaines. En dépendant entièrement de Dieu, même dans nos moments d'incertitude, le Saint-Esprit demeure notre guide suprême.

- **Servir**

Servir Dieu est un signe de lui rendre de manière authentique un culte raisonnable. Cela signifie consacrer sa vie à honorer et obéir à Dieu dans tous les aspects de notre existence. Par exemple, en prenant le temps chaque jour pour la prière, la méditation et l'étude des écritures, nous démontrons notre engagement envers le Seigneur. En retour, Dieu promet de nous bénir abondamment.

Plus vous vous donnez à Dieu dans son service, plus il vous bénira de toute forme de bénédictions. Cela signifie que lorsque nous investissons notre temps, nos talents et nos ressources pour servir Dieu et les autres, nous sommes récompensés par sa grâce et sa faveur. Par exemple, en s'impliquant dans des œuvres de charité ou en aidant les personnes dans le besoin, nous expérimentons la joie et la paix que seul Dieu peut donner.

Servir Dieu implique également d'obéir à sa volonté et à sa parole. En suivant les commandements de Dieu et en marchant dans ses voies, nous recevons sa protection et sa guidance. Comme il est écrit dans (Deutéronome 28:8), lorsque nous obéissons à la voix de Dieu, il répand ses bénédictions sur notre vie. Par conséquent, il est essentiel d'avoir une relation étroite avec Dieu pour comprendre sa volonté et agir en conséquence.

Le service que nous rendons à Dieu nous permet également de nous transformer intérieurement. En nous consacrant à Dieu, nous laissons de côté nos propres désirs égoïstes pour laisser place à sa volonté. Cela nous aide à grandir spirituellement et à devenir des instruments de sa paix et de son amour dans ce monde. Plus nous servons le Seigneur avec un cœur sincère, plus il nous accorde sa faveur et nous utilise pour accomplir ses desseins divins.

UNE AUTRE PORTE

> *Laissez Dieu ouvrir une porte pour vous en vous soumettant à sa méthode plutôt qu'à celle des hommes. En pensant que vous obtiendrez tout par votre mérite, vous vous opposez à sa souveraineté.*

L'adoration représente le moyen privilégié par lequel nous ouvrons la voie à la grâce et repoussons l'orgueil, car l'adoration s'oppose à l'idolâtrie. Dans le chapitre suivant, nous allons examiner comment l'idolâtrie consiste à laisser nos pensées s'attarder sur une personne ou une chose. Bien que nous ne puissions pas tout maîtriser, notre prière est que le Seigneur, dans sa souveraineté, nous guide vers la découverte de notre valeur et de notre destinée. David a reconnu que la clé pour remporter ses batailles ne résidait ni dans l'excès ni dans le javelot. Ecoutons ce qu'il dit à Goliath : "Tu viens contre moi avec le javelot..."(1 Samuel 17:43), mais moi je viens contre toi au nom du Seigneur, non pas avec ma propre habileté, mais au nom du Puissant guerrier.

Il est vain de toujours se fier à ses habitudes, permettez à la volonté divine de s'accomplir. Laissez Dieu ouvrir une porte pour vous en vous soumettant à sa méthode plutôt qu'à celle des hommes. En pensant que vous obtiendrez tout par votre mérite, vous vous opposez à sa souveraineté.

Vous pouvez être un expert en musique ou en chorale, mais cela ne garantit en rien le succès. La prudence est de mise lorsque vous prenez la parole. L'orgueil se cache d'abord dans la pensée, puis se manifeste dans les paroles. Soyez attentif à vos propos. Rappelez-vous que David possédait une fronde, mais jamais il n'en a fait mention. C'est plutôt Goliath qui en a parlé. Ne vous enorgueillissez pas, mais restez humble. Tant que l'orgueil ne s'est pas emparé de vous, tant que vous attribuez tout mérite à Dieu, que ce soit de manière visible ou invisible, vous demeurerez victorieux. David a déclaré : "Je viens à toi au nom de l'Eternel des armées. "Cette déclaration a touché le cœur de Dieu, qui a permis à David de remporter la victoire.

Les clés pour ouvrir les portes par l'adoration

- **La connaissance de Dieu.**

L'adoration n'est concevable qu'à travers la connaissance de l'objet d'adoration. Comme précédemment évoqué, l'acte d'adoration prend racine dans la compréhension de sa source. Jésus souligne à la femme que leurs adorations diffèrent, car tandis qu'elle adore l'inconnu, eux adorent ce qu'ils connaissent (Jean 4:23). Ainsi, pour accéder à la profondeur du miracle dissimulé dans l'adoration, il est impératif de connaître pleinement Dieu. Le degré d'adoration est directement proportionnel à la connaissance de l'Adorable. C'est pourquoi nous nous retrouvons à adorer des aspects matériels, mettant de l'ardeur à comprendre nos talents sans véritablement connaître le Créateur de ces dons. Nous adorons ce que nous appréhendons et ignorons ce qui nous échappe. Il est crucial de souligner que nombreux sont ceux se proclamant connaisseurs de Dieu, alors qu'en réalité, ils demeurent dans la superficialité. La véritable connaissance de Dieu dépasse le simple usage de termes ecclésiastiques ; elle transcende la simple cohabitation avec des croyants. En effet, Dieu est accessible à tous, sans distinction.

Connaître Dieu implique d'établir une relation personnelle avec le Divin (Jean 17:3). Cette démarche requiert une réflexion profonde, un dialogue intime et une guidance spirituelle. Votre compréhension de Dieu est déterminée par votre engagement envers son œuvre. La connaissance de Dieu est le fondement de votre adoration. Votre perception de Dieu est intrinsèquement liée à votre reconnaissance de l'étendue de votre ignorance à son égard. Plus vous prétendez le connaître, plus cela révèle que vous n'avez pas encore saisi sa véritable essence, comme l'a exprimé Esaïe. Dieu est une énigme que nous poursuivons sans jamais pleinement saisir. Notre quête pour le connaître est incessante. Pour appréhender Dieu, laissez-vous guider par son Esprit, un thème qui sera développé dans les prochains chapitres.

Connaître Dieu ne consiste pas à simplement acquérir des informations à son sujet, mais plutôt à commencer à refléter ses attributs et à manifester ses qualités. La connaissance de Dieu réside dans la démonstration de son caractère et de ses qualités, car la connaissance est une expérience. Ce n'est pas un processus purement intellectuel, mais plutôt la révélation de sa nature par son Esprit en nous. Nos paroles à l'égard de Dieu sont limitées, car nous ne le connaissons pas pleinement. Ce que nous percevons n'est rien de plus qu'une mélodie.

- **Reservoir sa parole**

En parlant de la parole, il est question de parler non seulement de chose que nous sentons ni seule que nous écoutons. Pour voir les portes s'ouvrir en notre faveur il est question de la vivre (Josué 1:8) et agir selon ce qui y est écrit. Il est plus question de prendre une parole et en faire une vie. La finalité de la parole de Dieu pour nous devrait être une vie. Par l'adoration nous proclamons la parole et qui finit par devenir une partie de nous. Par la parole de Dieu nous découvrons sa volonté. A chaque fois que vous écoutez la parole de Dieu, vous vous laissez influencer par sa volonté et alisciner par son autorité. Par sa parole nous avons sa révélation (Ephésiens 1:9-10), la chose que nous ne pouvions pas connaître Dieu les amène à notre portée. Le Saint Esprit dans la parole de Dieu nous donne une nouvelle inspiration.

Je me rappelle plusieurs fois que le Seigneur m'a toujours parlé au travers mes moments d'intimité de contemplation et de méditation. Conduire un moment d'adoration ne fait pas de vous le donneur de plan. C'est un privilège de mener le peuple dans la présence de leur Père. Dieu a toujours un moyen de faire sa volonté. Il n'est pas obligé de passer par un homme qu'est le conducteur de culte. Par exemple, dans les moments de prière profonde et de connexion spirituelle, on peut ressentir la présence et la parole de Dieu de manière plus claire et puissante. Cela nous guide dans nos actions quotidiennes et nous donne la force de persévérer dans la foi.

L'importance de la parole de Dieu réside dans le fait qu'elle est vivante et agissante. En la méditant régulièrement et en la mettant en pratique, nous sommes transformés de l'intérieur.

Chaque verset biblique contient une sagesse et une vérité qui peuvent nous guider dans les situations les plus complexes de la vie. Lorsque nous proclamons la parole de Dieu dans nos vies, nous ouvrons la voie à des miracles et à des bénédictions inattendues. La parole de Dieu est une source d'espoir et de réconfort, nous rappelant constamment que nous ne sommes jamais seuls dans nos luttes et nos triomphes. En nous laissant guider par sa parole, nous trouvons la paix intérieure et la force pour affronter les défis avec confiance.

- **Les expériences**

L'une des raisons pour lesquelles de nombreux chrétiens ne parviennent pas à expérimenter pleinement Dieu est qu'ils abordent sa présence avec l'intention de chercher des expériences plutôt que de véritablement rencontrer le Dieu des expériences. En réalité, nous traversons les expériences pour expérimenter l'Adorable, pour découvrir la profondeur de la relation avec notre Créateur. Il est important de comprendre que lorsque Dieu nous fait vivre des expériences, c'est pour nous donner matière à l'adorer davantage, comme mentionné dans (Romains 5:3-5).

Imaginez une situation où vous vous retrouvez face à des défis insurmontables, où vous vous sentez comme plongé dans un feu dévorant. C'est là que Dieu se révèle comme le Dieu qui non seulement survit dans le feu, mais qui vous en fait également sortir indemne, renforcé et transformé. Chaque épreuve que vous traversez et dont Dieu vous préserve ne signifie pas qu'Il vous a abandonné ; au contraire, Il souhaite que chaque épreuve soit une occasion pour vous de témoigner de sa puissance et de sa grâce.

Les moments difficiles que Dieu permet dans votre vie sont en réalité des opportunités pour lui de se révéler à vous d'une manière nouvelle, de vous montrer sa fidélité inébranlable et son amour inconditionnel. Chaque expérience, chaque délivrance que vous vivez grâce à lui vous donne une perspective plus profonde de sa nature et vous permet d'ajouter de nouveaux attributs à la louange. En effet, tant que vous n'avez pas expérimenté Dieu de manière personnelle, il vous sera difficile de le louer véritablement. Laissez chaque épreuve être une occasion de grandir dans votre relation avec lui, car c'est là que se trouve la vraie adoration.

J'ai eu le témoignage d'un papa qui dansait comme jamais vu auparavant, avec une énergie débordante et une légèreté surprenante, sans une goutte de sueur sur son front. Sa façon de sauter et de bouger laissait tout le monde perplexe, incapable de comprendre quelle était sa véritable motivation. Il est évident que les gens peuvent facilement nous critiquer lorsque nous ne sommes pas capables de nous mettre à leur place. Lorsque nous lui avons demandé de nous raconter son histoire, nous avons découvert un récit bouleversant. Il nous a confié que tous les membres de sa famille avaient péri dans un incendie, le laissant seul survivant. Chaque fois que nous lui posions la question sur la raison de son comportement si unique, sa réponse restait la même : "Vous ne savez pas ce que j'ai vécu ni d'où je viens, c'est pourquoi vous ne comprenez pas non plus pourquoi je danse." Son passé douloureux et sa solitude profonde expliquaient en partie sa manière de s'exprimer à travers la danse. Il utilisait chaque mouvement pour extérioriser sa douleur, pour honorer la mémoire de sa famille disparue. C'était sa façon de transcender la souffrance et de trouver un semblant de paix dans un monde si cruel. Son histoire nous a profondément marqués, nous rappelant que derrière chaque geste, chaque danse, se cachent des douleurs et des cicatrices invisibles. Cela nous a enseigné la compassion et la nécessité de ne pas juger les autres sans connaître leur histoire. Le papa qui dansait nous a offert une leçon de vie inoubliable, nous invitant à regarder au-delà des apparences et à écouter les silences qui en disent long.

Tout ce que vous traversez a une finalité primordiale, celle d'approfondir votre relation avec Dieu et de vous offrir davantage d'opportunités pour l'adorer. La connaissance de Dieu est le moyen par lequel nous découvrons une facette parmi une multitude que Dieu possède. Vos expériences ne sauraient vous permettre de saisir Dieu, car le saisir revient à circonscrire quelqu'un ou quelque chose jusqu'à ce que rien ne puisse vous étonner. Or, Dieu nous étonne chaque jour que le soleil se lève.

- **Un cantique nouveau**

Dieu aimerait bien écouter un chant qui vient d'une relation personnelle entre le cœur de l'homme et le sien. Cela souligne l'importance d'un cantique nouveau, une expression authentique d'un cœur éprouvé et reconnaissant (Psaumes 42:11). L'expérience est essentielle pour créer un chant nouveau, car il émane d'un cœur reconnaissant et plein de gratitude. Les chants que nous exprimons révèlent où nous en sommes spirituellement. En effet, notre reconnaissance se manifeste à travers nos paroles.

Trouver un cantique nouveau implique d'explorer des nouvelles expériences, de vivre des moments difficiles et de trouver de nouvelles raisons d'adorer Dieu. Dans la culture hébraïque, chanter signifie proclamer, ce qui indique que chanter un cantique nouveau est une manière de témoigner des interventions divines et de lui attribuer toute la gloire.

Un exemple puissant est celui de Moïse après la traversée de la mer rouge. Sa chanson était le fruit de son expérience avec les enfants d'Israël, où Dieu a manifesté sa puissance en sauvant son peuple et en anéantissant l'armée de Pharaon. C'était un chant authentique, né de la reconnaissance et de la louange.

Dieu peut permettre des difficultés dans nos vies pour nous amener à reconnaître sa souveraineté et sa provision. Lorsque nous acceptons sa volonté, une adoration authentique émerge. Se battre contre Dieu nous empêche de reconnaître sa main agissante dans nos vies, nous privant ainsi d'une expérience profonde et d'un chant nouveau. Il est crucial de cultiver une relation personnelle avec Dieu pour pouvoir chanter un cantique nouveau, inspiré par nos expériences et notre gratitude envers lui.

- **Ne pas attendre un modérateur**

Vous n'avez pas besoin d'un maître de cérémonie pour rendre hommage à Dieu. L'essentiel réside dans la connaissance de celui que vous vénérez, car l'adoration n'est possible que lorsque vous connaissez la source (Jean 4:22). Vous ne pouvez pas proclamer la grandeur de Dieu s'il ne vous a pas révélé sa magnificence et si vous n'avez pas fait l'expérience de sa grandeur dans diverses circonstances. Une adoration authentique repose davantage sur des hymnes nouveaux. Si les épreuves vous ont poussé à entonner un chant empreint d'amertume, de souffrance, de chagrin, alors le Seigneur, par sa délivrance, mettra un nouveau chant dans votre bouche pour Le célébrer par-dessus tout (Psaumes 40:3). Cela démontre que Dieu peut inspirer un chant nouveau même en des temps difficiles afin de restaurer l'espoir et de vous offrir une vie renouvelée en Jésus-Christ. Dieu est capable d'apporter un renouveau.

Les gens ignorent d'où je viens, ils ne connaissent pas les épreuves que j'ai endurées, encore moins les péripéties de ma famille, c'est pourquoi ils peuvent me critiquer. Je ne suis pas apparu du jour au lendemain, il existe une histoire riche en expériences poignantes derrière ma présence ici. C'est ainsi que j'ai composé le chant "*Yahvé ufanye yale mimi siwezi*" alors que je traversais de nombreuses épreuves. Je ne l'ai pas écrit pour mettre en avant un talent, non, ni pour créer un chant de qualité. Il s'agit d'un chant qui exprimait véritablement la phase difficile dans laquelle je me trouvais, une période de brûlure où je ressentais que mes os étaient consumés. Il s'agissait bel et bien d'une étape cruciale de mon développement personnel. Aujourd'hui, presque tout le monde chante ce chant sans pour autant en connaître l'origine. Je n'avais pas besoin d'être poussé par quiconque, j'avais simplement compris que je devais le faire en ayant une connaissance profonde de celui que j'adore.

Nous avons commencé à rendre hommage en se basant sur les préférences des modérateurs plutôt que sur les directives divines. En principe, tout chrétien ayant une relation personnelle avec Dieu n'a pas besoin de suivre le même chemin que les autres pour adorer. Il commence à entonner son propre chant, exprimant ainsi sa délivrance. Nous reprenons tous les paroles de David, affirmant que si vous n'avez pas vaincu le lion, vous ne pourrez vaincre le géant. C'est votre expérience avec Dieu qui vous donne la foi en l'avenir. Laissez parler votre cœur sans être influencé par quiconque.

Je suis convaincu que le Seigneur insufflera sa vie en vous et vous persuadera de réaliser votre dessein sur terre. Vous n'avez pas besoin de modérateur pour exprimer votre gratitude, sinon vous ne connaissez pas celui que vous adorez, vous n'adorez pas Dieu. Vous adorez plutôt le modérateur et le chant qu'il vous fait entonner.

- **Laisser Dieu faire**

Dieu a des méthodes qui dépassent notre compréhension humaine. Ses pensées et ses voies ne sont pas toujours ce que nous attendons. Il est essentiel de ne pas imposer nos propres préférences dans la manière dont Dieu agit. Il est crucial de garder nos cœurs ouverts et de ne pas nous rebeller contre Dieu. L'adoration joue un rôle essentiel dans notre relation avec le Divin. En s'engageant dans l'adoration, on ouvre la porte à des ressources spirituelles qui nous enrichissent profondément.

Il est primordial de laisser Dieu agir à sa manière, sans chercher à le contrôler. Lorsque l'église, en particulier ceux qui dirigent la louange et l'adoration, comprendront qu'il est nécessaire de se soumettre à la volonté divine, de nouvelles dimensions de Dieu pourront être explorées. Dieu se révèle pleinement lorsque nous lui faisons confiance et le laissons agir selon sa sagesse infinie.

Les moments de difficulté ne signifient pas que Dieu nous a abandonnés. Au contraire, c'est une invitation à lui faire entièrement confiance. Dieu connaît nos besoins mieux que quiconque, car il nous a créés et connaît notre valeur intrinsèque. Nos prières doivent être alignées sur sa volonté, car c'est ainsi que nous recevrons ce qui est réellement essentiel pour nous. Lorsque nous traversons des épreuves, Dieu cherche non seulement à nous consoler, mais aussi à nous rappeler sa souveraineté. Il est important de reconnaître sa grandeur et de lui accorder notre confiance en toutes circonstances. En connaissant Dieu véritablement, nous trouverons toujours la force de lui faire confiance, même lorsque les temps sont difficiles.

- **Faire confiance**

Si jamais jusqu'à présent vous n'avez pas abandonné votre pouvoir entre les mains de Dieu, cela signifie que vous croyez encore en vous-même. Faire confiance à Dieu, c'est lui laisser agir et lui accorder toutes les options possibles. Lorsque nous remettons tout entre ses mains et que nous avouons nos faiblesses, c'est à ce moment-là qu'il intervient. Par exemple, dans l'histoire de Daniel où il a été jeté dans la tanière des lions affamés mais en est ressorti indemne, nous voyons la puissance de la confiance en Dieu (Daniel 6:16-22).

Même si vous possédez des compétences, tant que vous ne les mettez pas de côté pour faire confiance à Dieu, les portes ne s'ouvriront pas. Il est essentiel de reconnaître que Dieu se nourrit de notre foi et non de nos louanges ou adorations. En lui faisant confiance dans les moments difficiles, nous attirons sa faveur et manifestons notre adoration. La confiance de Daniel dans la fosse aux lions démontre son appel à une puissance supérieure que même les lions doivent respecter.

Il est crucial de comprendre que les épreuves que nous traversons sont des occasions pour reconnaître Dieu comme le Lion de la tribu de Juda. Après avoir affronté les lions, Dieu peut transformer nos situations les plus hostiles en expériences douces comme du miel. C'est en ayant confiance et en reconnaissant la souveraineté de Dieu que nous recevons de nouvelles bénédictions et des chants de louange.

Il est primordial de rechercher Dieu pour vivre des moments de grâce qui élèvent notre dimension spirituelle. Les expériences personnelles entre Dieu et nous sont le fruit d'une relation d'appartenance et de soumission totale. Même dans les moments les plus difficiles du ministère, il est essentiel de croire en l'appel, l'équipement et la préservation de Dieu. En comprenant profondément qui est Dieu pour nous, nous pouvons demeurer fermes dans notre foi et nos actions.

LE BUT ET LE MOYEN

Dieu ne manifeste que peu d'intérêt pour nos chants, car nous les entonnons davantage pour l'audience que pour Lui.

Si aujourd'hui, dans plusieurs églises, l'adoration est devenue presque éteinte, c'est parce que les fidèles ne saisissent pas pleinement la nature du but et des moyens de l'adoration. Nous confondons souvent la finalité avec les éléments intermédiaires de la pratique de l'adoration. Il est évident que quiconque n'adore pas Dieu se voue en réalité à une forme d'auto-adulation. Combien de fois n'avons-nous pas entendu des expressions telles que "quand ce frère prend le micro, oh mon Dieu..."ou "lorsque nous chantons tel cantique, je me sens en adoration". Ces propos illustrent la propension de nombreux fidèles à l'idolâtrie, car ils accordent plus d'importance aux moyens qu'à l'objet de leur adoration, investissant ainsi leurs énergies dans des pratiques qui ne servent pas pleinement le dessein ultime.

Nous cherchons à distinguer les moyens de la finalité. Lorsque l'accent est mis davantage sur les moyens que sur la finalité, ces derniers deviennent des idoles, comme si l'on vénérait le contenant plutôt que le contenu. Pour la plupart des fidèles aujourd'hui, les moyens ont pris le pas sur la fin, les empêchant ainsi d'apprécier pleinement la véritable essence du culte à l'église.

Toute forme d'adoration autre que celle dédiée à Dieu est une forme d'idolâtrie. Il est donc notable que dans de nombreuses églises, une grande importance est accordée à la préparation des cérémonies. Saül a connu l'échec car il mettait l'accent sur "l'adoration" au lieu de se concentrer sur Dieu lui-même. Il en est venu à croire que l'acte d'adoration était plus crucial que la relation avec le Divin. En désobéissant, il tentait d'utiliser cette désobéissance comme un moyen de gagner la faveur de Dieu (1 Samuel 15:22-23). C'est comme si l'on disait, "Je t'ai désobéi pour prouver mon amour envers toi. "Même si Dieu avait ordonné de tuer tous les animaux, Saül en a gardé quelques-uns en prétendant les conserver pour l'adoration. C'était sa façon de justifier sa désobéissance au nom de l'adoration. Dieu se réjouit davantage de l'obéissance que de la magnificence des rituels. L'adoration ne doit jamais surpasser l'adorable.

Le règne de Saül n'a pas perduré au-delà de cette journée fatidique, en raison de sa désobéissance. Il a erronément estimé que le sacrifice avait plus de valeur que l'adoration de Dieu lui-même. Cette grande illusion persiste de nos jours dans la plupart des cultes, où l'accent est souvent mis davantage sur le moyen employé que sur l'élévation de l'adoration envers le Tout-Puissant.

Dieu ne manifeste que peu d'intérêt pour nos chants, car nous les entonnons davantage pour l'audience que pour Lui. Ainsi, nous avons inversé l'ordre d'importance et de priorité lors de nos moments de culte, ce qui nous empêche de vivre pleinement la plénitude de Sa visitation. Malheureusement, les participants au culte semblent demeurer inconscients de cette réalité. Lorsque le chant devient pour vous plus impérieux que l'adoration due à Dieu, vous pourriez bien sombrer dans l'idolâtrie. L'adoration demeure l'exercice le plus complexe à accomplir et, surtout, à incarner.

Il n'est pas aisé de se produire en public, que ce soit en dansant, en chantant ou en jouant d'un instrument. En tant que conducteur d'adoration, la tâche est encore plus complexe. Vous devenez rapidement conscient de l'audience qui vous observe, et vos pensées se tournent immédiatement vers votre apparence, votre style de jeu, votre éloquence. Vous vous interrogez sur la perception que le public a de vous, sur l'harmonie entre votre voix et la musique, sur votre rythme. Toutes ces préoccupations surgissent alors que vous devriez être pleinement concentré sur Dieu pendant ces moments de louange et d'adoration. Voyez-vous comment le piège de l'auto-conscience nous détourne de Dieu pour nous focaliser sur des détails futiles? Cette forme d'adoration devient alors une adoration des idoles, une forme d'idolâtrie inconsciente.

L'adoration ne se limite pas à de simples chants, elle va bien au-delà d'une récitation routinière de quelques mots. Lorsque vous chantez en pensant au public devant vous, le chant prend une dimension plus profonde. Les personnes présentes deviennent alors plus déterminantes que le Dieu auquel vous chantez. C'est un piège insidieux qui s'introduit sans que l'on s'en rende compte. Ainsi, les chants et les personnes deviennent des idoles que nous adorons, car toute notre attention est focalisée sur eux. Jamais ne nous demandons si Dieu a apprécié notre prestation ou la manière dont nous avons transmis sa parole. Lorsque nos moyens deviennent plus importants que nos finalités, nous tombons dans l'idolâtrie qui s'insinue discrètement dans le culte. Si tel est le cas, notre réflexion risque de se limiter à des questions telles que : "Était-ce un bon chant ? Les gens ont-ils apprécié ? L'ai-je bien interprété ? Je me demande ce que les gens en ont pensé. "Rarement nous nous demandons ce que Dieu en a pensé. Nous concentrons notre attention et l'importance du culte sur des personnes et des choses, ce qui va à l'encontre de la véritable adoration.

Le véritable conducteur et adorateur se pose toujours la question de quelle manière Dieu m'a accueilli ce soir. Ai-je été le canal authentique pour transmettre au mieux et avec une qualité optimale ce qu'Il m'a donné? Dieu devrait être l'épicentre et la source de toute adoration. Que dire des prédicateurs et enseignants dont la principale préoccupation est souvent de susciter et motiver les gens, de les émouvoir. Certains vont même jusqu'à demander à Dieu de les empêcher de dire quelque chose d'incompréhensible pour les gens. Par exemple, un messager est en train de parler mais Dieu lui révèle les erreurs de l'église, alors il commence à prier en demandant à Dieu de l'empêcher de dire ces vérités. Peut-être que vous ne comprenez pas pleinement, mais cela démontre clairement que vous obéissez davantage aux normes des hommes qu'à Dieu.

Reconnaissez que Dieu est la source de tout et oubliez les autres considérations. En disant et faisant ce que Dieu ne nous a pas demandé de faire, nous tombons dans la désobéissance. Prenons l'exemple d'Eve dans le jardin d'Eden. Dieu avait clairement indiqué dans Genèse 2:16-17 que l'homme pouvait manger de tous les fruits du jardin sauf de l'arbre de la connaissance du bien et du mal, car le jour où il en mangerait, il mourrait. Pourtant, Dieu avait déjà énoncé cette règle et il aurait suffi à l'homme et à la femme de la respecter pour lui être agréables. Cependant, le serpent trompe Eve et dans Genèse 3:2-3, Eve répond après une conversation avec le diable en ajoutant qu'ils ne doivent pas toucher l'arbre de peur de mourir, bien que Dieu n'ait pas mentionné cela. Cela conduit à une forme d'idolâtrie que nous appelons désobéissance. Obéir à une voix autre que celle de Dieu est de l'idolâtrie, car cela signifie que vous considérez quelqu'un d'autre au-dessus de Dieu. Beaucoup de gens craignent Dieu sans pour autant le respecter, tout cela étant directement lié à l'honneur que recherchent souvent les serviteurs de Dieu. Tant que vous ne vous laissez pas guider par l'inspiration divine pour exprimer votre flamme, vous demeurez dans l'idolâtrie.

Craindre Dieu ne signifie pas seulement avoir peur de lui, mais plutôt être conscient du danger de s'en approcher. L'adoration nous pousse à nous rapprocher de Dieu sans se laisser distraire par notre environnement, car fixer notre regard sur Dieu ne nous laisse aucune marge de manœuvre. Nous n'agissons plus selon nos désirs ou ceux des autres, mais selon ce que Dieu nous recommande. En adoptant cette attitude sacrée, nous comprenons la véritable finalité du culte.

Beaucoup de personnes redoutent le Très-Haut sans toutefois le craindre véritablement. Cette situation découle en grande partie des honneurs artificiels attribués aux hommes de foi, qui pour la plupart, sont en quête de reconnaissance. Chers serviteurs et servantes, tant que vous ne vous laissez pas guider par l'inspiration divine pour exprimer votre dévotion, vous demeurez dans l'idolâtrie. La crainte de Dieu ne se résume pas à une simple peur de sa majesté, mais elle revêt plutôt l'impératif d'être conscient des périls qui accompagnent son approche. L'adoration nous pousse à nous rapprocher de Dieu de façon à ne plus être distraits par les éléments extérieurs ; se tourner vers lui nous comble de sorte que nous ne nous laissons aucune marge de liberté. Nous n'agissons plus selon notre bon vouloir ni selon les désirs des autres, mais nous obéissons aux préceptes divins. En adoptant cette attitude sacrée, nous nous approprions la véritable essence du culte.

C'est aisé pour les individus de nous juger car ils ne perçoivent pas ce que nous percevons, n'écoutent pas ce que nous écoutons, mais ne succombez pas à cela, car ils ne sont pas à notre position. Moïse était grandement critiqué parmi les enfants d'Israël, ignorant que Dieu ne tolérait aucune erreur de Moïse. Bien-aimé dans le royaume de Dieu, l'adoration ne doit pas être influencée par les manœuvres des hommes. Il était nécessaire que Moïse parle au rocher, mais sous la pression des hommes, il le frappa. Dieu lui reprocha d'avoir agi ainsi, car il aurait dû simplement parler au rocher, ce qui explique pourquoi il ne pénétra pas en Canaan en même temps que le peuple qu'il guidait. Malgré sa désobéissance, l'eau jaillit du rocher (Nombres 20:7-12), et bien que Dieu ne manque jamais sa cible malgré nos erreurs, c'est néanmoins nous qui en subissons les conséquences. En réalité, plus nous nous approchons de Dieu, moins nous avons de liberté d'action. Nous ne faisons plus ce que nous avions l'habitude de faire. Il n'est pas nécessaire d'être jugé par autrui lorsque nous sommes proches de Dieu, car c'est lui-même qui s'en charge.

Envisageons les scénarios actuels dans les églises, votre manière de pratiquer le culte ne risque-t-elle pas de mener à l'idolâtrie ? La façon dont vous considérez certaines personnes dans l'église ne risque-t-elle pas de vous égarer vers l'idolâtrie ? Saviez-vous que Dieu abhorre l'idolâtrie ? (Psaumes 78:58). Voici donc deux éléments qui ne sont pas en accord avec Dieu. La première est la haine, et la seconde est la jalousie. Dieu n'apprécie pas lorsque nous éprouvons de la haine envers autrui ou lorsque nous sommes animés par la jalousie, car il réserve ces sentiments pour les idoles.

Dans (1 Jean 5:21), la Bible évoque l'idolâtrie. Certains pensent qu'il s'agit de statues, mais il est question de tout ce qui risque de captiver notre attention, nos pensées, etc. Cela pourrait être votre voix, votre pasteur dont vous estimez la présence plus importante que celle de Dieu, oubliant que c'est Dieu qui est au cœur de tout. Cela pourrait être votre voiture que vous passez trois heures à laver, au point de ne plus trouver le temps de méditer sur la parole de Dieu. Votre téléphone qui vous accompagne même au culte, vous empêchant de fermer la porte pour vous adresser à votre Père. La plus grande bataille des adorateurs est le conflit entre le Créateur et la créature. Ce qui a plus de valeur à vos yeux que Dieu devient une idole. Chaque fois que la créature prend le pas sur le Créateur, cela se transforme directement en une adoration détournée. Identifiez clairement le vrai Dieu pendant que vous êtes en perpétuelle adoration.

Plusieurs ne se rendent peut-être pas encore compte qu'il est préférable d'être vigilants afin d'éviter de tomber dans une adoration erronée. Un chapitre consacré à l'idolâtrie est présent dans la modération du culte. L'idolâtrie parmi les leaders de l'adoration peut se manifester de différentes manières, que ce soit à travers un spectacle de danse suscitant une confiance excessive menant à une dépendance de l'église, ou même par l'absence d'un instrument lors d'un moment d'adoration, entraînant une atmosphère fade. Il est surprenant de constater que souvent les gens simulent être touchés par l'Esprit de Dieu alors qu'ils sont en réalité influencés par la musique.

Cette forme d'idolâtrie peut prendre diverses formes, que ce soit à travers

- Un groupe musical,
- Une chorale,
- L'église elle-même,
- Le pasteur ou le leader de louange.

La plus grande tentation de l'expérience humaine réside dans l'élévation de la création plutôt que du Créateur. Lorsque des églises ou des fidèles s'absentent en l'absence du pasteur, cela souligne une idolâtrie où l'importance est accordée au pasteur plutôt qu'à Dieu, qui demeure toujours présent.

Le plus grand obstacle dans le ministère réside dans la préoccupation pour la création plutôt que pour le créateur. Il est crucial de ne pas accorder plus de valeur au don qu'au donneur. De nombreux prédicateurs passent des heures à travailler sur leur message sans prendre le temps de rechercher la volonté de Dieu. Ils se sacrifient sur l'autel sans réellement comprendre ce que Dieu attend d'eux.

Plusieurs encore préfèrent accorder davantage d'importance aux ressources, sous-estimant ainsi la source. Lorsque les ressources deviennent primordiales au détriment de la source, une forme d'idolâtrie s'installe. Combien de personnes avons-nous observées jeûnant pour améliorer leur voix sans jamais prier pour obtenir la faveur divine ? Combien de serviteurs recherchent l'onction sans reconnaître le Dieu qui en est l'origine ? Notre véritable adoration commence lorsque nous identifions la source de toute chose. Il est impératif que les églises et les conducteurs de louange recentrent l'adoration afin de la pratiquer authentiquement. L'acte d'adorer revêt diverses formes.

- Adorer signifie accorder de la valeur à autrui, le considérer avec estime (Psaumes 29:2). Aujourd'hui, dans certaines églises, l'adoration semble se transformer en un culte de la personnalité, où les hommes sont plus honorés que Dieu. Honorer ou valoriser... (Psaumes 95:6-7), il est crucial de veiller à ne pas accorder davantage de valeur à notre culte d'adoration qu'à Dieu lui-même, risquant ainsi de le transformer en idole.

- Se courber devant quelque chose (Philippiens 2:10-11), et s'agenouiller, le visage contre terre, en direction de l'objet ou de la personne à qui l'on attribue une valeur honorifique. Les conducteurs de louange doivent rester vigilants pour ne pas sombrer dans l'adoration idolâtre. Ils pourraient se focaliser tellement sur leur voix qu'elle deviendrait une idole. Un chant peut également devenir une idole s'il capte l'attention des fidèles au point de les détourner de Dieu, objet de leur adoration. Lorsqu'un chant ne conduit pas à l'adoration de Dieu mais encourage plutôt une introspection visant à apaiser ses propres tourments, il est déjà devenu une idole. Que dire de ces églises où le chant ou le rythme joué déterminent le caractère connecté ou non de l'adoration ? Votre chant ou rythme peut alors devenir une idole, conditionnant votre relation avec Dieu.
- Adorer, c'est reconnaître Dieu en toute chose (Proverbes 3:5-6). L'adoration occupe une place centrale dans la Bible, et cette définition en constitue probablement l'essence même. Tant que nous n'attribuons pas à Dieu toute chose, nous ne sommes pas encore pleinement engagés dans l'adoration.
- L'adoration implique une gratitude perpétuelle, exprimée de manière constante, en tout lieu, à tout moment, et en toute circonstance (1 Thessaloniciens 5:16-18). Elle ne débute pas avec le commencement de la musique ou le discours du pasteur. Il s'agit plutôt d'adopter délibérément une attitude de gratitude.
- S'incliner à plat ventre sur le sol signifie se fondre et disparaître à ses propres yeux ainsi qu'aux yeux d'autrui, absorbé par l'amour divin. Nombreuses sont les églises absorbées par leurs règles, au point que Dieu n'y est plus pleinement reconnu. De même, nos péchés peuvent nous absorber à tel point que nous les dissimulons en présence d'autrui. Ne deviennent-ils pas alors des idoles, prenant la place de Dieu ? L'adoration collective est

impossible, car elle nécessite un moment d'intimité où l'on cherche à être absorbé par l'amour du Roi divin, se détachant ainsi de son environnement.

Vous êtes-vous déjà interrogé sur la raison pour laquelle le paralytique, que l'on avait amené à Jésus, était passé par le toit sans être arrêté par quiconque le transportait (Marc 2:1-12) ? C'est parce que lorsqu'on est absorbé par la présence du Maître, rien ne peut nous distraire. Tant que vous n'avez pas atteint une profonde intimité avec le Seigneur, cela signifie que votre vie est encore sous emprise. Par conséquent, on peut affirmer que tant que vous louez, cela signifie que vous n'êtes pas encore proche. Ainsi, vous constaterez que la majeure partie de ce que l'on nomme adoration n'est pas réellement de l'adoration.

Voici quelques aspects de l'adoration qui sont essentiels pour nous plonger profondément dans la présence divine et rétablir la juste place de l'adoration.

- Tehillah, qui se traduit par le chant de l'esprit, ne se réfère pas au chant que nous adressons à Dieu, mais plutôt à celui qu'Il chante avec nous. C'est un moment de communion spirituelle qui nous incite à chanter avec notre esprit.
- Barak, quant à lui, nous invite à la quiétude et au silence, souvent accompagné d'une joie intense car il exprime la reconnaissance et la félicité reçues de Dieu, incitant ainsi les cœurs à la louange.
- Tahalal, une forme de louange enthousiaste, s'accompagne souvent de bruits pour exprimer une satisfaction profonde.
- Atal, symbolisant un saut exalté et bruyant, témoigne de notre soutien total et accord avec la volonté divine.

Bien qu'il existe de nombreux degrés de louange, je me limite à ceux-ci. Il est essentiel de souligner que plus la louange s'élève en intensité, plus elle tend vers le silence, nous guidant naturellement vers la contemplation. L'objectif ultime de la louange est de nous conduire à une intimité profonde. Ainsi, la distinction entre la louange et l'adoration se dessine clairement. Voici donc la distinction entre la louange et l'adoration :

- La louange décrit la nature divine
- L'adoration est le total abandon à Dieu.

Ce qui confère une autre acception à l'adoration. Adorer revient à attribuer tout mérite à Dieu. Lorsque nous décrivons, nous louons, mais lorsque nous attribuons, nous adorons. L'attribution est la clé initiale de l'adoration. Ainsi, lorsque nous décrivons quelqu'un, nous parlons de lui. Et lorsque nous attribuons quelque chose à quelqu'un, nous lui accordons les mérites. Par exemple : l'éternel est bienveillant, grand, puissant, merveilleux : c'est une description de sa nature que nous faisons. La louange est ce que nous offrons, tandis que l'adoration est ce que Dieu reçoit de nos actions, qu'Il accepte et approuve. Rappelons-nous que tant que nous louons, cela signifie que nous ne sommes pas encore dans une proximité totale.

Ainsi, la louange prépare le terrain pour l'adoration. Alors, pourquoi la plupart de nos cérémonies semblent ternes, la plupart de nos leaders manquant d'éclat ? C'est parce qu'en réalité, ils ont retenu la gloire qui devrait revenir à Dieu. Quiconque reçoit, accepte et approuve ce que vous lui offrez ici-bas entre en compétition avec Dieu et s'expose immédiatement au danger. Il est un Dieu jaloux. Faire l'éloge n'est pas condamnable, mais il est crucial de surveiller notre attitude et notre réaction.

Il m'arrive parfois d'être surpris d'entendre certains serviteurs dire : "J'ai guéri telle personne" ou encore "J'ai créé telle atmosphère". Faisons preuve de prudence, bien-aimés, le privilège que Dieu nous accorde en tant que canal à travers lequel Il agit pour transformer et visiter son peuple ne devrait en aucun cas nous mettre en conflit avec lui. Après tout, Jésus a dit : "Dites que nous sommes des serviteurs inutiles"(Luc 10:17). Jésus n'a jamais cessé de transférer les mérites à Dieu. Une manière efficace de préserver votre propre gloire est de la restituer à Dieu. La confusion qui se glisse dans nos ministères réside dans le transfert de mérites. Le danger qui guette particulièrement les leaders de culte et tous les serviteurs de Dieu en général réside dans l'appropriation de mérites et dans le fait de prétendre que nous en sommes dignes.

APARTENANCE ET ADORATION.

Si l'église ne fait pas l'expérience des miracles, c'est parce que jusqu'à présent, la vie est trop attachée aux méthodes humaines, et nous ne nous laissons pas entièrement envelopper par l'amour de Dieu et son Esprit.

Pour adorer Dieu, il est nécessaire d'être affranchi et libéré de toute forme d'œuvres mortes. De nombreux chrétiens mènent une vie spirituelle ordinaire qui les empêche d'expérimenter Dieu de manière profonde. Réapprendre l'adoration devrait inciter tous les chrétiens à redéfinir la source de chaque rencontre et de chaque aspect de leur relation avec le Seigneur. Les problèmes rencontrés dans les églises aujourd'hui, y compris les manquements des leaders de louange et des serviteurs en général, sont souvent liés à l'absence d'une véritable renaissance spirituelle.

Il est essentiel que les adorateurs reconnaissent les lacunes dans leur vie et laissent ensuite le Saint-Esprit opérer la transformation nécessaire. Naître d'eau et d'Esprit devrait être l'objectif de tous ceux qui désirent réellement adorer à nouveau le Seigneur. Cette renaissance spirituelle est essentielle pour renouveler notre adoration.

Il s'agit donc d'accueillir Celui que Dieu a envoyé pour nous appartenir et commencer à l'adorer de manière solennelle. Comme le mentionne la Bible, au commencement était la Parole (Jean 1:1-12), cette Parole était la vie et cette vie était la lumière des hommes. A tous ceux qui ont reçu cette lumière provenant de la Parole, qui est Jésus, le Souverain de tout, il a été donné le privilège de devenir enfants de Dieu. Tant que la vie de Christ n'est pas en nous, notre adoration restera stérile. Tout pouvoir que nous possédons ou que nous recevons dépend de la place que Jésus occupe dans nos vies.

En effet, sans la présence de la vie de Christ en nous, notre adoration demeurera stérile. Devenir enfant de Dieu découle du pouvoir transmis par son Fils. Pour adorer, c'est-à-dire pour servir Dieu, il est impératif de puiser dans cette puissance qu'il accorde, surtout si nous l'avons déjà reçue. Autrement, nous nous épuisons rapidement et abandonnons. Si Dieu ne s'engage pas avec nous, alors nos efforts deviennent désespérés. Il existe des choix à faire pour embrasser pleinement notre filiation divine. Devenir enfant de Dieu ou chrétien ne se transmet pas par le sang familial, ce n'est pas une question de transmission génétique. Bien entendu, nous devons préparer nos proches à recevoir la Parole de Dieu, afin que la lumière puisse également les atteindre directement.

Il est primordial de reconnaître que notre relation avec Dieu repose sur notre capacité à nous affranchir des œuvres mortes et à expérimenter une renaissance spirituelle profonde. En tant que croyants, il est essentiel de laisser le Saint-Esprit opérer en nous pour que notre adoration soit authentique et significative. L'adoration véritable ne peut se manifester que lorsque nous sommes réellement nés d'eau et d'Esprit, comme le souligne la Bible.

Pour devenir véritablement enfants de Dieu et servir avec puissance, il est crucial de laisser la vie de Christ habiter en nous. C'est en accueillant pleinement Jésus comme notre Seigneur et Sauveur que notre adoration prend tout son sens et sa puissance. Tout pouvoir que nous possédons provient de la place que Jésus occupe dans nos vies, et c'est par cette relation intime avec lui que nous pouvons réellement impacter le monde.

Il est important de comprendre que devenir enfant de Dieu ne dépend pas de nos liens familiaux ou génétiques, mais de notre relation personnelle avec Jésus. Ainsi, nous sommes appelés à partager la lumière de la Parole de Dieu avec nos proches, les préparant à recevoir la vie et la puissance qui découlent de cette relation transformante. En embrassant pleinement notre identité en Christ, nous pouvons expérimenter une adoration profonde et significative qui transcende les limites de ce monde.

Plusieurs personnes pensent que Dieu est pauvre d'amour ou d'adoration. Dieu ne peut recevoir une adoration tant que l'adorateur n'est pas entièrement dévoué à lui. Avez-vous également entendu des expressions telles que "Seigneur, bénis-moi, je veux te louer" ou "Seigneur, fais ceci, je veux faire cela"? Jusqu'à ce moment, vous resterez dans une relation ordinaire avec le Père et le propriétaire de tout. Vous êtes en relation socio-économique avec lui. Dieu veut simplement que vous compreniez qu'il n'est pas un Maître sévère, mais un Seigneur. Il peut vous accorder tout si nous le lui demandons dans une relation légitime. Comme il est écrit dans (Philippiens 4:6): "Ne vous inquiétez de rien, mais en toute chose, faites connaître à Dieu vos besoins par des supplications et des prières avec actions de grâce. "Il n'a pas dit "Donnez-moi ceci et je vous donnerai cela". Il exige en revanche que nous lui soyons reconnaissants et que nous soyons constamment en relation avec lui par la prière, et le reste dépend de lui. Dieu se désintéresse de nos prières égocentriques. Il désire une relation profonde pour agir efficacement en notre faveur.

Tant que nos intentions ou notre engouement demeure charnels, nous resterons de simples enfants de Dieu charnels et des adorateurs égoïstes. La simple fréquentation de l'église ne suffit pas à faire de nous des adorateurs. Devenir véritablement adorateur ne relève pas de la volonté humaine. Lorsque toutes nos actions prennent racine dans la volonté divine, alors tout devient possible. Ce n'est que par une nouvelle forme d'adoration que les miracles deviennent envisageables. Si l'église ne fait pas l'expérience des miracles, c'est parce que jusqu'à présent, la vie est trop attachée aux méthodes humaines, et nous ne nous laissons pas entièrement envelopper par l'amour de Dieu et son Esprit. Comment pouvons-nous appartenir à Dieu pour ainsi l'adorer selon sa volonté ?

Faire taire le "moi"

Il incombe à chaque individu de comprendre qu'au-delà de ce qui est visible par autrui, réside une part de nous-mêmes qui demeure invisible. C'est cette facette qui nous pousse parfois à la désobéissance. Ce moi intérieur, invisible mais intrinsèquement lié à notre être, doit être maîtrisé. C'est cette partie de nous qui incite certains à abandonner leur foi, en raison d'une perception erronée de la vie dévouée. Il est tout à fait possible de mener une existence chrétienne tout en faisant face à des épreuves extérieures, comme l'illustre parfaitement le récit de Job (Job 1:10-22). Quoi qu'il advienne, nous serons confrontés à des situations des plus ardues, mais cela ne saurait altérer notre relation ni notre dévotion envers le Seigneur. Il est dit que même si nous traversons le feu, il ne nous consumera pas, bien que nous devions y passer; même si nous passons par les eaux profondes, elles ne nous submergeront point, mais nous devrons les traverser; lorsque nous marcherons dans la vallée de l'ombre de la mort, Il nous assure Sa présence, bien que nous devions la traverser. Notre foi en Dieu demeurera inébranlable, car Il est toujours à nos côtés. Le plus redoutable ennemi de l'abandon envers Dieu demeure notre propre ego, nous entraînant vers une adoration égocentrique. C'est lui qui nous empêche de nous humilier face contre terre pour proclamer notre soumission à Dieu. Il incarne l'orgueil, privilégiant les intérêts humains aux dépens de ceux de Dieu.

Notre "moi" se comporte envers nous comme des princes égoïstes, c'est ainsi que nous avons du mal à suivre la voie de Dieu et à nous soumettre à lui, car le "moi" est constamment ancré dans les désirs matériels. Le passage de (Mathieu 6:24) souligne clairement l'incompatibilité entre le service de Dieu et la quête de richesse. Il s'agit en réalité de se consacrer entièrement à Dieu sans laisser le moindre espace au "moi". Dieu doit prendre toute la place, sans exception, même dans notre conscience.

Le "moi" peut-être défini comme la perception que nous avons de nous-mêmes, englobant notre identité, nos pensées, nos émotions et nos aspirations. La Bible aborde à maintes reprises la nature du "moi" et souligne l'importance de notre relation avec Dieu. Il est crucial de le mettre à mort pour suivre véritablement le chemin tracé par le Christ et lui accorder le plein contrôle, jusqu'à conférer à notre adoration une souveraineté totale (Galates 2:20). "J'ai été crucifié avec Christ, et si je vis, ce n'est plus moi qui vis, mais c'est Christ qui vit en moi. La vie que je mène à présent dans la chair, je la vis dans la foi au Fils de Dieu, qui m'a aimé et s'est donné lui-même pour moi. "Ce passage met en lumière que notre identité en tant que croyants réside en Christ et que notre "moi" doit être métamorphosé par cette relation profonde.

Etre transformé intérieurement

Tant que notre être intérieur n'est pas métamorphosé, notre adoration ne sera pas acceptable. La transformation intérieure est essentielle. Dans (Romains 12:2), nous apprenons que notre identité et notre perception de nous-mêmes doivent être renouvelées et transfigurées par notre relation avec Dieu, et non par les normes du monde. Combien de prédicateurs, de chantres et d'autres serviteurs avons-nous vu se plier aux attentes de la foule? Ils se sont laissé influencer par les normes du monde. L'un des signes révélateurs d'une transformation intérieure est notre confiance totale en Dieu, abandonnant toute autre croyance pour ne placer notre confiance qu'en lui. Cette transformation nous enseigne à renoncer à toute autre forme de croyance pour ne placer notre confiance qu'en Dieu. La transformation intérieure implique :

- **La repentance**

Est un élément essentiel dans le cheminement spirituel de l'homme envers Dieu. C'est le point de départ pour établir une relation authentique et une communion profonde avec le Créateur. Lorsque nous nous tournons vers Dieu dans un esprit de repentance, nous nous engageons sur un chemin de transformation intérieure. Cette transformation commence par un changement fondamental dans notre façon de penser, comme le souligne la Bible dans (Romains 12:2).

Penser différemment implique de voir le monde à travers un filtre renouvelé, où l'adoration devient le moteur qui nous pousse à devenir un avec le Père. Par exemple, au lieu de simplement réciter des prières de manière mécanique, la repentance nous amène à réfléchir profondément sur nos actions passées et à chercher sincèrement le pardon divin.

La transformation intérieure ne se limite pas à un changement de pensée, elle englobe également un ajustement dans notre langage et nos actions. En confessant notre foi en Jésus-Christ, nous proclamons publiquement notre engagement envers Dieu, ce qui renforce notre relation avec Lui. De même, nos actions doivent refléter notre foi en produisant des fruits dignes de cette dernière. Par exemple, aider les nécessiteux, pardonner ceux qui nous ont offensés et pratiquer la bienveillance sont autant d'actes concrets qui témoignent de notre transformation intérieure.

L'objectif ultime de l'adoration est de plaire à Dieu. Cela ne peut se réaliser pleinement qu'à travers une foi authentique et une repentance sincère. En cultivant ces valeurs, nous nous rapprochons de Dieu et de Sa volonté pour nos vies. La repentance n'est pas simplement un acte isolé, mais un processus continu de croissance spirituelle qui nous guide vers une relation plus profonde et significative avec notre Créateur.

- **La croyance**

Qui constitue le premier principe et fondement de l'adoration et de l'évangile, est essentielle. Nous vénérons un Dieu invisible, dont nous expérimentons la faveur à travers la foi. Votre foi en tant qu'adorateur vous octroiera ce dont l'amour des hommes vous a privé. La Bible définit la foi comme une assurance ferme, affirmant que même si nos yeux physiques ne peuvent percevoir Dieu, notre cœur, par la foi, nous assure de Sa présence. Même si nos oreilles physiques ne peuvent l'entendre, notre cœur, par la foi, perçoit Sa voix réconfortante. Même si nos mains ne peuvent le toucher, notre cœur, par la foi, ressent Son influence et expérimente une paix totale. Il est impossible de plaire à Dieu sans la foi. La foi est la manifestation de ce qui est invisible (Hébreux 11:1). C'est par la foi que nous guidons le peuple de Dieu vers Lui.

La croyance en un Dieu invisible peut sembler paradoxale pour certains, mais c'est précisément là que réside la puissance de la foi. Prenons l'exemple de l'histoire de Job dans la Bible, un homme qui a maintenu sa foi en Dieu malgré les épreuves les plus difficiles. Sa confiance en l'invisible lui a valu une récompense divine bien au-delà de ce que les hommes auraient pu lui offrir. De même, lorsque nous faisons preuve de foi, même dans les moments de doute et de confusion, nous ouvrons la voie à des miracles et à des bénédictions insoupçonnées.

La foi agit comme un pont entre le visible et l'invisible, reliant nos sens physiques à une réalité spirituelle profonde et significative. Lorsque nous nous abandonnons à cette dimension de la foi, nos perceptions se transforment, nos priorités s'alignent et notre relation avec Dieu devient tangible malgré Son invisibilité apparente. C'est dans cette intimité que se révèle la véritable essence de l'adoration et de la communion avec le divin. En fin de compte, la foi transcende les limites de la raison et nous guide vers une compréhension plus profonde et plus enrichissante de la vie spirituelle.

- **Le baptême**

Qui signifie purifier en plongeant ou submergeant, consiste à rendre pur à travers une abondance d'eau. Malgré les nombreuses discussions auxquelles j'ai été exposé, je demeure encore sceptique quant à ma propre décision de recevoir le baptême. Il est crucial de souligner que le baptême n'est pas une question de conviction personnelle, mais plutôt une recommandation du Christ lui-même (Matthieu 28:19). Bien qu'il soit vrai que le baptême en soi ne procure pas le salut, il est indissociable de la foi. En effet, la foi découle naturellement du baptême. Ainsi, il apparaît essentiel, pour guider adéquatement le peuple vers la présence divine, d'avoir déjà reçu le baptême afin de cultiver la foi nécessaire pour être agréable à l'Éternel. Le baptême est intrinsèquement lié à la croyance en Dieu et représente le signe distinctif de ceux qui professent leur foi.

- **Recevoir le Saint Esprit**

On ne naît pas sans émerger de l'eau, le seul moment où les pleurs de l'enfant ne perturbent pas est le jour de sa naissance. En renaissant, nous devenons des candidats au don du Saint Esprit afin d'édifier son église. En réalité, lorsque nous recevons le don du Saint Esprit, c'est l'esprit lui-même que nous accueillons (Actes 2:37-35). Il est impératif que le conducteur de louange accorde une attention particulière à la question du parler en langue. Lorsque nous nous exprimons ainsi, ce n'est pas le Saint Esprit qui s'exprime à travers nous, mais c'est plutôt nous qui commençons à parler en langues. Toutefois, le parler en langues est avant tout un miracle (1 Corinthiens 14:2). Soyez véritablement attentifs, chers conducteurs de louange, car lorsque le parler en langues devient un élément du message, une interprétation est nécessaire. Comment peut-on recevoir le Saint-Esprit ? Cela peut se faire par la foi, par la soif, par la prière ou encore à travers l'imposition des mains. Il est désolant d'être un adorateur, surtout un conducteur de culte, et de ne jamais avoir expérimenté le Saint Esprit.

En s'acceptant soi-même

Ne pas s'accepter c'est juger Dieu d'injuste, de partiale. Cela signifie remettre en question la souveraineté de Dieu, qui agit selon sa propre volonté et non selon les normes humaines. Lorsque nous ne nous acceptons pas, nous nous perdons souvent dans des comparaisons qui n'ont pas lieu d'être. Il est important de se rappeler les paroles de David dans les (Psaumes 139:14), où il loue Dieu pour l'incroyable manière dont il a été créé.

Il est essentiel de ne pas agir par esprit de rivalité, mais de favoriser l'humilité et l'amour du service envers autrui. Par exemple, choisir de laisser à un autre la possibilité de poursuivre une tâche même si nous étions initialement prévus peut être un acte de générosité et de respect mutuel. En comprenant pleinement les attentes de Dieu et en soumettant humblement nos cœurs à Sa volonté, nous évitons de nous perdre dans des conflits inutiles.

Se laisser emporter par l'ego et les rivalités peut nous éloigner du droit chemin, comme le souligne (Philippiens 2:3). En cultivant l'humilité et en se concentrant sur l'amour du prochain, nous nous rapprochons de la compréhension de nous-mêmes et de notre relation avec Dieu. Que chacun de nous puisse être comblé de l'Esprit de Dieu pour marcher sur le chemin de la compréhension et de l'amour mutuel.

Il est crucial de reconnaître que l'acceptation de soi va de pair avec l'acceptation de la diversité qui nous entoure. En embrassant nos propres imperfections et en respectant celles des autres, nous renforçons nos liens avec Dieu et notre prochain. Parfois, il est nécessaire de faire preuve de patience et de compassion envers ceux qui ont du mal à s'accepter, les aidant à voir la beauté et la valeur uniques qu'ils possèdent.

De plus, en évitant les jugements hâtifs et en privilégiant la bienveillance, nous construisons un environnement empreint de compréhension et d'harmonie. La tolérance et le respect mutuel sont des piliers fondamentaux pour une relation saine avec Dieu et nos semblables. En nous éloignant des pensées négatives et en embrassant la gratitude pour ce que nous sommes, nous nous ouvrons à une vie enrichie par la paix intérieure et la connexion spirituelle.

Avoir l'amour comme fondement

Nous ne servons pas le Divin pour obtenir des biens matériels en premier lieu, mais plutôt pour répondre à la générosité que nous avons reçue de sa part. Dans (1 Jean 4:19), la Bible affirme que nous l'aimons parce qu'Il nous a aimés en premier. Notre adoration ne peut pas être authentique si elle est constamment entravée par l'égoïsme. L'amour est un acte de don avant tout. Tant que nous n'avons pas l'intention de glorifier le Tout-Puissant, nous ne pourrons pas non plus recevoir Sa gloire. Qui a été le premier à me donner pour que je Lui doive quelque chose en retour ? Beaucoup de personnes, lorsqu'elles se trouvent dans la présence divine, ont tendance à demander plutôt qu'à donner.

Le Divin connaît nos besoins bien avant même que nous les formulions. Le Tout-Puissant est autosuffisant ; avec ou sans nous, il demeure Souverain, et il ne perd rien en ne recevant pas notre service. En revanche, nous trouvons de l'aide lorsque nous servons le Divin de tout notre cœur et de toute notre force. Par exemple, dans l'histoire de Job, le Tout-Puissant resta fidèle même lorsque Job perdit tout, démontrant ainsi que notre foi et notre service ne changent pas Sa nature.

Le Divin incarne l'autosuffisance ; adorons-le en tant que propriétaire, la source de toute chose. En suivant cet exemple, nous devrions nous rappeler que tout ce que nous possédons vient du Divin, et nous devrions donc Lui rendre grâce en retour.

Fonder notre existence sur l'amour implique de renoncer à toute propriété et de tout remettre entre les mains du Christ. Un jeune homme riche s'approcha de Jésus et lui demanda : "Maître, que dois-je faire pour plaire à Dieu ?"Jésus lui répondit : "Va vendre tes biens, donne l'argent aux démunis, et tu auras un trésor au ciel. Puis viens, suis-moi."(Matthieu 19:21). Cette interaction souligne l'importance de l'abandon de soi et du détachement des biens matériels pour suivre pleinement le Divin. Lorsque le Tout-Puissant nous invite à nous agenouiller, ne le faisons pas par contrainte ou par ressentiment, mais par amour, car notre guérison commence dès que nos genoux touchent le sol. L'adoration par amour est plus profonde et sincère. Il est donc préférable que les fidèles se présentent au culte avec un cœur dévoué au Seigneur. En se concentrant sur l'amour et le service désintéressé, les fidèles peuvent expérimenter une plus grande proximité avec le Divin. Cette attitude favorise la fluidité du culte, permettant à chacun de se livrer avec joie devant le Créateur et la Source de toute chose. Sans amour, il ne peut y avoir d'adoration authentique, car l'amour est le fondement même de notre relation avec le Divin. En suivant ces principes, nous sommes guidés vers une adoration plus profonde et significative, où notre engagement envers le Divin devient le moteur de notre existence quotidienne.

L'OPPOSEE DE L'ADORATIONS

> *L'adoration véritable implique également la reconnaissance de la souveraineté de Dieu sur toutes choses. Cela signifie que nous devons être disposés à accepter sa volonté même si elle diverge de la nôtre.*

Si un jour lors de votre rassemblement, Dieu vous annonce un changement inattendu, seriez-vous disposé à offrir une fois de plus après avoir écouté le message ? Une adoration dépourvue d'obéissance est l'antithèse de la véritable vénération. Nous n'adorons pas par défaut d'instruments appropriés, mais par manque d'un amour authentique envers Dieu. Tout ce qui nous est requis est de nous incliner devant Dieu avec des ornements sacrés, c'est-à-dire avec toutes nos vertus (Psaumes 29:2). Ainsi, si Dieu nous impose quelque chose et que nous le refusons, il peut le reprendre et le révoquer. Notre adoration se magnifie lorsque nous reconnaissons que tout provient de lui. L'adoration découle d'une révélation. Il est crucial de comprendre que l'idolâtrie constitue l'antithèse de l'adoration, et elle peut se manifester à travers des pratiques communes souvent négligées par ignorance.

Lorsque nous évoquons l'adoration, il est primordial de souligner que cela transcende largement de simples gestes ou rituels. C'est une attitude profonde de respect et de dévotion envers Dieu. Par exemple, Abraham dans la Bible a démontré son obéissance absolue en se montrant prêt à sacrifier son propre fils, témoignant ainsi de sa foi inébranlable. De même, l'histoire de Job illustre la persévérance et la confiance en Dieu même dans les moments les plus ardus. Ces récits bibliques nous enseignent que l'adoration authentique requiert parfois des sacrifices et une confiance totale en la volonté divine.

En outre, l'adoration véritable implique également la reconnaissance de la souveraineté de Dieu sur toutes choses. Cela signifie que nous devons être disposés à accepter sa volonté même si elle diverge de la nôtre. Par exemple, dans le livre de Daniel, les trois jeunes hommes ont refusé de se prosterner devant une idole malgré la menace de mort. Leur foi en Dieu les a préservés, démontrant ainsi l'importance de demeurer fidèle même face à l'adversité.

La vénération authentique transcende les apparences et les formes extérieures. Elle représente un profond engagement de l'âme envers le Divin, fondé sur l'obéissance, la confiance et la reconnaissance de Sa souveraineté. En saisissant cette réalité, nous pouvons nourrir une relation plus profonde et significative avec notre Créateur, en lui offrant non seulement nos louanges, mais également nos existences tout entières. Voici quelques éléments contraires à la véritable adoration.

Manque de gratitude

Lorsque nous cessons de manifester de la reconnaissance envers l'essence de toute chose, le créateur de l'univers, nous nous opposons ainsi à la véritable adoration. Notre gratitude peut se manifester de diverses façons. Il est impératif que cela soit exprimé avec sincérité afin de réjouir le cœur divin. Un cœur dépourvu de reconnaissance ne peut bénéficier des grâces divines. Dieu ne renouvellera pas ses bienfaits envers les ingrats. Voici donc différentes formes d'expression de la gratitude :

La prière

Est une forme directe d'exprimer sa reconnaissance envers le Divin. Selon (Philippiens 4:6), "Ne vous tourmentez de rien ; mais en toute circonstance, faites connaître vos requêtes à Dieu par des prières et des supplications, en y ajoutant des actions de grâce." L'acte de gratitude précède l'action bienfaisante de Dieu envers ses enfants. Votre reconnaissance ouvrira des voies vers l'inconnu.

La prière, en tant que moyen de communication avec le Divin, revêt une importance capitale dans la vie spirituelle. Imaginons une scène où un individu, rempli de gratitude, se tourne vers Dieu pour exprimer sa reconnaissance. Cette manifestation de gratitude est comme une clé qui ouvre les portes des bénédictions divines. En effet, la prière est un acte puissant qui crée un lien profond entre l'homme et le Divin.

En suivant les enseignements de (Philippiens 4:6), il est souligné que la prière ne devrait pas être teintée d'anxiété, mais plutôt être un moment de communion sereine avec Dieu. En présentant nos requêtes à Dieu, accompagnées de prières, supplications et actions de grâce, nous montrons notre confiance en Sa bienveillance. Cette confiance et cette gratitude sont des catalyseurs pour attirer les bénédictions divines dans notre vie.

La prière est bien plus qu'une simple pratique religieuse ; c'est un acte de foi, de reconnaissance et d'amour envers le Créateur. En cultivant un esprit reconnaissant, nous ouvrons la voie à des miracles et des bénédictions insoupçonnés. Que notre gratitude soit le pont qui nous relie aux merveilles de l'inconnu, guidés par la lumière divine qui éclaire notre chemin.

Le chant et la louange

Chanter des hymnes et des chants de louange est une forme d'adoration qui transcende les barrières terrestres pour atteindre les cieux. En suivant le commandement du (Psaume 100:2) qui proclame "Venez avec joie, chantez à l'Éternel !", nous nous ouvrons à une connexion profonde avec la Divinité. Lorsque nos voix s'unissent dans l'harmonie de la louange, nous exprimons notre gratitude et notre amour envers Dieu d'une manière incomparable.

Chaque note chantée résonne comme une offrande sacrée, une prière mélodieuse qui élève nos âmes et remplit nos cœurs de paix. Les hymnes et les chants de louange deviennent alors des ponts entre le terrestre et le divin, nous permettant de nous connecter à la source de toute vie. Refuser de laisser notre cœur s'élever en chant pour Dieu, de le célébrer à travers nos cantiques, c'est se priver de cette communion spirituelle qui nourrit notre être.

Lorsque nous nous alignons sur la mélodie de la louange, nous nous ouvrons à la grâce et à la bénédiction divine qui coulent comme un fleuve d'amour infini. Chaque mot chanté est une déclaration de foi, une affirmation de notre confiance en la puissance de Dieu. Que nos voix s'élèvent comme des flèches vers le ciel, portant nos prières et nos louanges jusqu'au trône du Créateur. En chantant avec un cœur reconnaissant, nous nous unissons à la chorale céleste qui célèbre sans fin la grandeur de Dieu.

Les actions de grâce

Sont une pratique profondément ancrée dans de nombreuses traditions religieuses, notamment dans le christianisme. C'est un moment privilégié pour remercier Dieu pour ses nombreuses bénédictions et sa bonté infinie. Les (Psaume 107:1) nous encourage à "Louer l'Éternel, car il est bon, Car sa miséricorde dure à toujours !"Cette invitation à la louange et à la reconnaissance souligne l'importance de la gratitude dans la vie spirituelle.

En cette période de reconnaissance, il est essentiel de se rappeler que les actions de grâce vont au-delà de simples mots de remerciement. Elles impliquent une profonde reconnaissance pour les innombrables bienfaits que Dieu nous accorde. Que ce soit pour la santé, la famille, les amis, ou même les défis qui nous permettent de grandir, chaque aspect de notre vie est une occasion de louer et de remercier le Seigneur.

Prenons par exemple la santé. Lorsque nous sommes en bonne santé, il est facile de prendre cela pour acquis. Cependant, chaque battement de cœur, chaque souffle que nous prenons est un don précieux de Dieu. En prenant un moment pour réfléchir à la fragilité de la vie et à la grâce qui nous est accordée, nous réalisons à quel point nous sommes bénis.

De même, la famille et les amis jouent un rôle essentiel dans nos vies. Leur amour, leur soutien et leur présence sont des trésors inestimables. En exprimant notre gratitude envers eux, nous renforçons les liens qui nous unissent et cultivons des relations basées sur l'amour et le respect.

Les actions de grâce sont bien plus qu'une simple coutume. Elles sont le reflet de notre relation avec Dieu et de notre capacité à reconnaître ses nombreuses bénédictions. En louant le Seigneur pour sa bonté infinie et sa miséricorde éternelle, nous cultivons un cœur reconnaissant et une foi profonde qui illuminent notre chemin.

Le témoignage

Est une puissante manière de partager les merveilles que Dieu a accomplies dans nos vies. Il s'agit de témoigner de sa grandeur et de Sa fidélité envers nous, en exprimant notre profonde gratitude pour ses actions. Le (Psaume 66:16) nous invite à nous rassembler et à écouter les récits de ceux qui craignent Dieu, afin qu'ils puissent partager les témoignages de ce qu'Il a fait pour leur âme.

Lorsque nous partageons nos témoignages, nous inspirons les autres à croire en la puissance de Dieu. Par exemple, en racontant comment Dieu a guéri une maladie incurable, comment il a pourvu miraculeusement dans des moments de grande nécessité, ou comment il a transformé des vies brisées en témoignages vivants de sa grâce infinie. Ces récits renforcent notre foi et celle des autres, car ils démontrent que Dieu est toujours à l'œuvre dans nos vies, accomplissant des miracles et répondant à nos prières.

En partageant nos témoignages, nous proclamons la bonté et la fidélité de Dieu, et nous encourageons ceux qui nous écoutent à placer leur confiance en lui. Nos expériences personnelles deviennent des preuves tangibles de sa puissance et de Son amour inconditionnel. Ainsi, que ce soit par des paroles, des écrits, ou des actions, partager nos témoignages est un acte de foi et de reconnaissance envers celui qui a le pouvoir de transformer nos vies de manière extraordinaire.

Le service

Consiste à servir les autres en son nom, ce qui est une forme d'adoration et de gratitude, comme le souligne (Galates 5:13). Il est important de comprendre que la liberté dont nous bénéficions ne doit pas être utilisée comme une excuse pour suivre nos propres désirs égoïstes. Au contraire, la charité et le service désintéressé envers autrui doivent être nos priorités.

Un exemple concret de service en son nom pourrait être de consacrer du temps à aider les personnes dans le besoin, que ce soit en donnant de la nourriture aux sans-abri ou en offrant un soutien moral à ceux qui en ont besoin. Cela montre non seulement notre compassion, mais aussi notre engagement envers les valeurs éthiques et spirituelles qui nous animent.

En se concentrant sur le service aux autres, on développe un sens plus profond de la gratitude envers les bénédictions que l'on reçoit. Cela nous rappelle que nous sommes tous interconnectés et que notre bonheur est lié à celui de notre prochain. En servant les autres avec amour et générosité, nous créons des liens plus forts au sein de notre communauté et contribuons à un monde meilleur pour tous.

Ainsi, rappelons-nous toujours que la vraie liberté réside dans la capacité à choisir de servir les autres avec humilité et compassion. En suivant cet enseignement, nous pouvons vraiment incarner l'amour et la bienveillance dans nos actions quotidiennes, et ainsi honorer notre appel à être des serviteurs les uns des autres.

Se lancer de fleur

Lorsque vous vous attribuez tout le mérite, vous vous engagez dans l'adoration de vous-même, ce qui comporte un risque considérable. Il est préférable de reconnaître que toute réussite provient de la grâce divine. Comment s'éduquer pour ne plus se complimenter afin de ne pas défier Dieu, le possesseur de toute chose ?

Cultiver l'humilité

Il consiste à reconnaître que tout ce que nous possédons provient de Dieu. Cela implique de ne pas se vanter de nos propres mérites ou accomplissements, mais plutôt de reconnaître humblement que toute gloire et toute réussite viennent de Lui. Par exemple, au lieu de se glorifier de nos talents ou de nos possessions, nous devrions plutôt exprimer notre gratitude envers Dieu pour les dons qu'Il nous a accordés.

Le livre des Proverbes nous rappelle cette vérité essentielle en disant : "Qu'un autre te loue, et non ta bouche ; un étranger, et non tes lèvres." Cela signifie que plutôt que de rechercher la reconnaissance et les éloges des autres, nous devrions laisser nos actions parler d'elles-mêmes et permettre à autrui de louer nos qualités et nos actions. Par exemple, au lieu de se vanter de nos bonnes actions, nous devrions les accomplir discrètement et laisser les autres les remarquer et les apprécier.

En cultivant l'humilité, nous apprenons à mettre notre confiance en Dieu plutôt qu'en notre propre force ou sagesse. Cela nous aide à rester humble dans nos succès et à persévérer dans les moments difficiles en sachant que Dieu est avec nous. En fin de compte, l'humilité nous permet de vivre une vie centrée sur Dieu et de reconnaître Sa souveraineté dans toutes nos actions et décisions.

Se concentrer sur les autres

Il implique de mettre l'accent sur les réussites et les besoins des autres avant les siens. Cela nous invite à adopter une attitude d'humilité et de générosité envers notre prochain. Par exemple, au lieu de chercher à être le centre d'attention lors d'une réunion, on peut encourager et mettre en valeur les idées et les contributions des autres participants.

L'importance de regarder les autres comme étant au-dessus de soi-même est soulignée dans la citation de (Philippiens 2:3) : "Ne faites rien par esprit de rivalité ou par vaine gloire, mais que l'humilité vous fasse regarder les autres comme étant au-dessus de vous-mêmes." Cette attitude nous permet de cultiver des relations saines et harmonieuses avec les personnes qui nous entourent.

En pratiquant la bienveillance envers les autres, nous contribuons à créer un environnement positif où chacun se sent valorisé et respecté. Par exemple, en prenant le temps d'écouter activement un ami en difficulté, on lui montre qu'on se soucie vraiment de son bien-être et de ses besoins.

Se concentrer sur les autres et les considérer avec humilité et respect est une clé essentielle pour cultiver des relations enrichissantes et épanouissantes. Cette approche nous permet de grandir en tant que personnes et de contribuer de manière positive à la vie de ceux qui nous entourent.

Pratiquer la gratitude

Remercier Dieu pour ses bénédictions au lieu de se concentrer sur ses propres accomplissements. (1 Thessaloniciens 5:18) "Rendez grâce en toutes choses, car c'est la volonté de Dieu à votre égard dans le Christ-Jésus."

Pratiquer la gratitude consiste à reconnaître les bienfaits et les bénédictions que nous recevons de Dieu, plutôt que de se focaliser uniquement sur nos propres réussites et mérites. Cela implique d'exprimer notre reconnaissance envers Dieu pour Sa générosité et Sa miséricorde dans nos vies. Par exemple, au lieu de se vanter de nos accomplissements personnels, nous devrions prendre le temps de remercier Dieu pour les opportunités qu'Il nous a offertes et les bénédictions qu'Il nous a accordées.

Dans le verset de (1 Thessaloniciens 5:18), il est souligné l'importance de rendre grâce en toutes choses, car cela reflète la volonté de Dieu à notre égard dans le Christ-Jésus. Cela signifie que la gratitude doit être une attitude constante dans nos vies, que ce soit dans les moments de joie et de succès, mais aussi dans les difficultés et les épreuves. En exprimant notre reconnaissance envers Dieu en toutes circonstances, nous témoignons de notre confiance en Sa souveraineté et de notre dépendance envers Lui.

Ainsi, pratiquer la gratitude va au-delà de simples remerciements occasionnels. C'est un mode de vie qui nous rappelle que tout ce que nous avons provient de Dieu et qu'Il mérite toute notre reconnaissance et notre louange. En adoptant cette attitude de gratitude, nous cultivons une relation plus profonde avec Dieu et nous apprenons à voir Sa main agissante dans tous les aspects de notre vie. Que chaque jour soit une occasion de rendre grâce à Dieu pour Ses innombrables bénédictions et Sa fidélité inébranlable.

Eviter la comparaison

Est un conseil sage qui nous est donné pour prévenir l'orgueil et la jalousie. Lorsque nous nous comparons aux autres, il est facile de tomber dans le piège de l'envie ou de l'arrogance. La Bible nous rappelle dans (Galates 6:4) de ne pas nous mesurer aux autres, mais plutôt de nous concentrer sur nos propres actions. En examinant nos propres œuvres, nous pouvons trouver des raisons de nous glorifier pour ce que nous avons accompli, sans ressentir le besoin de nous comparer aux réussites des autres.

Prenons par exemple une situation où une personne se compare constamment à ses collègues de travail. En se concentrant sur les réalisations des autres, elle risque de perdre de vue ses propres progrès et de se sentir soit inférieure soit supérieure, ce qui peut nuire à sa motivation et à sa satisfaction personnelle. En revanche, en suivant le conseil de (Galates 6:4) et en se concentrant sur ses propres actions, cette personne peut mieux apprécier ses propres réalisations et être plus en phase avec ses objectifs personnels.

Il est essentiel de se rappeler que chacun a un parcours unique et des défis différents à relever. En se comparant constamment aux autres, on risque de perdre de vue sa propre valeur et de se sentir inadéquat. En pratiquant la gratitude pour nos propres réussites et en nous concentrant sur notre propre croissance, nous pouvons cultiver une attitude plus positive et constructive. En fin de compte, se comparer aux autres ne fait que nous éloigner de notre propre chemin et de notre propre bonheur.

Chercher la sagesse divine

Demander à Dieu de nous aider à rester humbles et à éviter la vanité. (Jacques 4:10) "Humiliez-vous devant le Seigneur, et il vous élèvera." En intégrant ces principes dans votre vie quotidienne, vous pouvez cultiver une attitude d'humilité et éviter de vous vanter, car si vous vous jetez des fleurs, vous risquez déjà de tomber dans l'idolâtrie. Vous risquez d'oublier la souveraineté de Dieu et commencer à vous adorer.

Lorsque nous cherchons la sagesse divine, nous reconnaissons que notre propre sagesse est limitée et que nous avons besoin de l'aide de Dieu pour rester sur le bon chemin. Par exemple, en priant chaque matin pour demander à Dieu de nous guider, nous montrons notre dépendance envers Lui et notre désir de rester humbles. De plus, en évitant la vanité et en refusant de nous glorifier nous-mêmes, nous témoignons de notre confiance en la grandeur de Dieu.

Il est crucial de comprendre que l'humilité ne signifie pas la faiblesse, mais plutôt la force de reconnaître notre véritable position par rapport à Dieu. En pratiquant l'humilité, nous reconnaissons que toute gloire et tout mérite reviennent à Dieu seul. Par conséquent, au lieu de nous vanter de nos propres réalisations, nous devrions exprimer notre gratitude envers Dieu pour les dons et les talents qu'Il nous a accordés.

En cherchant la sagesse divine et en cultivant une attitude d'humilité, nous honorons Dieu et nous nous préservons de l'idolâtrie de l'ego. Que notre quête de sagesse soit guidée par la prière, la méditation et l'humilité, afin que nous puissions rester fermement ancrés dans la vérité de la souveraineté de Dieu.

Quand quelque chose rivalise avec Dieu dans nos vies, cela devient de l'idolâtrie. Nous devons entièrement nous appuyer sur Dieu et lui rendre grâce pour nos exploits.

Faire le mérite de soi-même

Plusieurs ne reconnaissant pas la Seigneurie de Christ attribuent toute réussite et tout succès à eux-mêmes. Ils croient qu'ils sont à l'origine de leur réussite. Cela transparaît à travers des expressions telles que "je suis un riche autodidacte. Personne ne m'a enseigné cela. Je n'ai ménagé aucun effort pour parvenir là où je suis." Dieu est d'une telle grandeur qu'Il n'a besoin de rien pour nous aider. Tout ce que nous possédons est le fruit de sa grâce et non de nos propres mérites (Éphésiens 2:8-9). Ce passage souligne que le salut et les bénédictions que nous recevons ne découlent pas de nos propres efforts ou mérites, mais plutôt d'un don de Dieu, ce qui nous empêche de nous glorifier de nos accomplissements. Vous vous sentez prospère ? Avez-vous bien dirigé le culte ? Ne dites pas "j'ai bien préparé ce culte." Reconnaissez en toutes choses la grâce du Créateur de toute chose. Dieu a pu transformer un roi en bête lorsque celui-ci s'est attribué le mérite de sa réussite. L'orgueil.

L'orgueil

L'orgueil est une manifestation d'égocentrisme, centrée sur le "moi". Lorsque malgré une préparation minutieuse, on se voit refuser la possibilité de contribuer, quelle est notre réaction ? Lorsque notre désir est d'attirer toute l'attention sur nous-mêmes au détriment des autres, cela signifie simplement que nous sommes sur le point de chuter. Se mettre en colère parce qu'on nous a remplacés dans notre rôle lors du culte révèle un sentiment d'orgueil. Même si nous avons travaillé ardemment, il se peut que Dieu ne souhaite pas que nous servions ce jour-là. Peut-être recherche-t-il simplement une bonne attitude de notre part. Tout appartient à Dieu, que ce soit la danse ou notre comportement. Comme Moïse l'a dit au Pharaon, nous devons tout emmener avec nous, car nous ne savons pas ce que Dieu exigera de nous pour l'adorer.

Dans la Bible, l'orgueil est souvent dépeint comme un sentiment d'arrogance ou de supériorité qui peut conduire à la chute. Le livre des (Proverbes 16:18) nous avertit que "L'orgueil précède la chute, et l'esprit hautain précède la ruine." Le (Proverbes 11:2) renchérit en soulignant que "Quand vient l'orgueil, vient aussi l'ignominie; mais la sagesse est avec les humbles. "(Jacques 4:6) nous enseigne que "Dieu résiste aux orgueilleux, mais il fait grâce aux humbles." Ces versets mettent en lumière comment l'orgueil peut être un obstacle à la sagesse et à la grâce divine, engendrant des conséquences néfastes dans la vie d'une personne. L'orgueil peut entraver l'adoration en érigeant une barrière entre l'individu et Dieu. Le (Psaume 138:6) souligne que Dieu se rapproche des humbles, alors que les orgueilleux en sont éloignés. Le (Matthieu 5:3) proclame "Heureux les pauvres en esprit, car le royaume des cieux est à eux. "Être "pauvre en esprit" implique une humilité essentielle pour une adoration sincère.

ECOUTER DE DIEU

La voix de Dieu apaise nos émotions et nos tourments. Lorsque nous écoutons attentivement sa voix, nous trouvons le réconfort et la guidance dont nous avons besoin pour surmonter les épreuves de la vie.

Ecouter est lié à ceux qui sont destinés à entendre. Si l'ouïe nous fait défaut, il convient de remettre en question notre essence. Tant que nos cœurs ne sont pas disposés à écouter Dieu et à reconnaître sa volonté, tant que nous ne parvenons pas à nous détacher de nous-mêmes, nous risquons de nous consumer lentement. Par exemple, lorsque nous sommes trop absorbés par nos propres préoccupations et que nous négligeons de prêter attention à la voix de Dieu, nous nous éloignons de sa guidance précieuse.

Si nous sommes véritablement ses brebis, nous devons nous rendre disponibles pour écouter la voix de Dieu (Jean 10:27-29). Cela signifie être attentif à ses enseignements et à sa direction, comme un berger veille sur ses brebis pour les guider et les protéger. Être une brebis de Dieu implique une relation d'écoute et de confiance mutuelle.

Dieu est Esprit, et ceux qui l'adorent doivent le faire en esprit, car ce qui est engendré de l'esprit est esprit, et ce qui est engendré de la chair est chair. L'adoration véritable se fait dans la profondeur de notre être spirituel, en nous connectant avec Dieu au-delà des aspects matériels de la vie. Par exemple, lorsqu'on prie avec un cœur sincère et une foi profonde, on s'adresse à Dieu au niveau spirituel, recevant ainsi sa paix et sa direction.

La nouvelle naissance nous rend capables d'écouter Dieu, offrant ainsi l'un de ses nombreux bienfaits. Lorsque nous renaissons en Christ, notre esprit est renouvelé et notre capacité à discerner la voix de Dieu est amplifiée. C'est un don précieux qui nous permet de cheminer sur la voie de la vérité et de la vie éternelle.

Un adorateur qui n'écoute pas Dieu devrait remettre en question son essence, car s'il est exigé de nous, en tant qu'adorateurs, d'être semblable à Dieu, éprouver des difficultés à l'écouter signifie que nous ne sommes pas encore de véritables adorateurs. L'essence même de l'adoration est de se soumettre à Dieu et de lui accorder la première place dans nos vies. Si nous rencontrons des obstacles à écouter sa voix, il est essentiel de reconsidérer notre relation avec lui et de chercher à approfondir notre communion.

La voix de Dieu apaise nos émotions et nos tourments. Lorsque nous écoutons attentivement sa voix, nous trouvons le réconfort et la guidance dont nous avons besoin pour surmonter les épreuves de la vie. Par exemple, dans les moments de doute ou de confusion, écouter Dieu peut nous apporter la clarté et la paix intérieure nécessaires pour avancer avec confiance.

Tant que les prédicateurs n'ont pas saisi l'importance d'écouter Dieu, ils ne pourront pas conduire leur peuple là où il est destiné à aller. Les leaders spirituels ont la responsabilité d'être des canaux de la voix divine, guidant leur communauté sur le chemin de la vérité et de la justice. Sans une écoute profonde de Dieu, leur enseignement risque de manquer de la puissance transformante de sa parole.

Refuser d'être spirituel revient à se consacrer aux cultes psychiques. Lorsque nous négligeons notre dimension spirituelle et que nous nous contentons de pratiques religieuses superficielles, nous passons à côté de l'essence même de la foi. La spiritualité authentique nous ouvre à une communion intime avec Dieu, bien au-delà des apparences extérieures.

Jésus n'a pas pour objectif de sauver la chair ; ainsi, l'œuvre du salut ne doit pas être conditionnée par des faits ou des réalités psychologiques. Le salut offert par Jésus va bien au-delà de la guérison physique ou des bienfaits matériels. Il s'agit d'une transformation profonde de l'âme et de l'esprit, qui ne peut être limitée par des considérations purement matérielles.

Le Saint-Esprit nous permet d'être en permanence disposés à écouter Dieu (Jean 16:17). L'Esprit de Dieu agit en nous pour nous ouvrir à sa voix et pour nous guider sur le chemin de la vérité. C'est une présence constante qui nous rappelle notre dépendance à Dieu et notre besoin de sa direction dans nos vies.

Bien que tout un chacun puisse entendre la voix de Dieu, pour savoir quelles mesures prendre, l'aide du Saint-Esprit est requise. Lorsque nous cherchons à discerner la volonté de Dieu, il est essentiel de nous appuyer sur la sagesse et la guidance du Saint-Esprit. Il nous éclaire sur les choix à faire et nous guide sur la voie de la droiture.

Vivre avec Dieu implique d'être à son écoute, sinon nous serons guidés par nos émotions et nos sentiments, agissant en opposition à ce qui est désiré. Lorsque nous nous détournons de la voix de Dieu pour suivre nos propres impulsions ou désirs, nous risquons de nous égarer loin de sa volonté. Être à l'écoute de Dieu nous permet de rester alignés sur sa vérité et sa grâce.

Si nous ne parvenons pas à écouter la voix de Dieu, nos cultes, nos prières et toutes nos bonnes actions seront vaines. L'essence même de notre adoration réside dans notre capacité à nous ouvrir à la présence de Dieu et à recevoir sa guidance. Sans cette écoute profonde, nos actes de piété risquent de devenir vides de sens et dénués de la présence divine.

Comprendre comment Dieu s'exprime nécessite l'intervention du Saint-Esprit. L'Esprit de Dieu nous enseigne à reconnaître sa voix parmi les multiples influences qui nous entourent. C'est lui qui nous guide dans l'interprétation des signes et des messages divins, nous aidant à discerner la vérité au milieu des mensonges.

Notre vie et notre service envers le Seigneur doivent être soutenus et guidés par le Saint-Esprit. En nous laissant conduire par l'Esprit de Dieu, nous nous ouvrons à sa puissance transformante et à sa sagesse infinie. C'est ainsi que notre service devient une offrande agréable à Dieu, portant du fruit pour son royaume.

En écoutant Dieu, nous lui offrons un culte raisonné et agréable, accomplissant ainsi ses volontés. Lorsque notre adoration est empreinte d'une écoute attentive et d'une soumission totale, elle devient une offrande précieuse aux yeux de Dieu. C'est dans cette communion profonde que nous trouvons notre véritable identité et notre raison d'être en tant qu'enfants bien-aimés de Dieu.

De nombreux conducteurs de culte et serviteurs de Dieu m'ont interrogé sur la manière de discerner si c'est Dieu qui nous parle, ou du moins comment écouter sa voix. La quête de la voix divine est une préoccupation légitime pour ceux qui cherchent à suivre la volonté de Dieu dans leur vie. Il est essentiel de cultiver une disposition intérieure d'écoute et de prière pour reconnaître la voix de Dieu parmi les multiples bruits du monde.

Il convient de savoir que trois voix résonnent en nous : celle de Dieu, de nos pensées et du diable, cherchant perpétuellement à semer le trouble dans nos vies et à nous détourner de Dieu. La bataille spirituelle pour discerner la voix de Dieu est réelle, et il est crucial de rester vigilants face aux influences contraires à sa vérité. En nous appuyant sur la vérité de sa Parole et sur la guidance du Saint-Esprit, nous pouvons distinguer la voix divine des mensonges de l'ennemi, marchant ainsi avec assurance sur le chemin de la foi et de la vérité.

Comment Dieu parle-t-il?

Quand Dieu nous communique, cela ne se fait pas d'abord par le biais des cinq sens, mais plutôt à travers un langage, une façon de transmettre un message, de rassembler, de faire croître le fidèle tout autour de nous. Est-il alors nécessaire de négliger nos émotions dans ce contexte ? Je dirais que non. Les émotions signifient : E-motion, où E représente l'énergie et motion évoque le mouvement. Lorsque vos émotions sont positives, vous vous engagez pleinement envers Dieu et Son œuvre, mais lorsqu'elles sont négatives, votre engagement pour servir diminue. Il ne s'agit pas des cinq sens qui nous donnent des pressentiments, mais qui peuvent nous fournir des informations de différentes manières. Même un homme qui ne connaît pas Dieu peut l'entendre tant qu'il respire. Même lorsqu'un homme n'est pas encore sauvé, il possède un esprit, bien qu'inactif. Votre âme est primordiale car c'est à travers elle que les expressions spirituelles de Dieu se manifestent.

Il est crucial de comprendre que tant que nous ne sommes pas encore devenus des êtres spirituels, rien ne pourra se produire. Lorsque l'Esprit est vivant, tout s'aligne sur la volonté de l'Esprit, mais lorsque l'Esprit est éteint, tout s'aligne sur la volonté de la chair. C'est pourquoi la Bible nous exhorte à marcher selon l'Esprit pour ne pas accomplir les désirs de la chair (Galates 5:16). Par notre refus de nous soumettre à l'Esprit, nous tombons souvent dans la compétition, nous glorifiant d'avoir bien conduit la louange, etc. La communion avec le Saint-Esprit nous permet de comprendre aisément son langage. Les pensées de Dieu peuvent surgir dans notre conscience, notre volonté ou nos intentions, car l'âme est le traducteur des messages de l'Esprit. Dieu utilise divers moyens pour nous communiquer sa volonté, ces moyens ne sont pas les messages en eux-mêmes, mais la manière dont il encode le message. Ce n'est qu'après le décodage que les adorateurs saisissent la pensée et la volonté de Dieu. Dieu communique toujours, mais la difficulté à décoder le message nous fait parfois croire qu'il reste silencieux.

Jésus est le moyen suprême par lequel Dieu nous parle, puisqu'il est lui-même appelé la parole. Plus notre communion avec Dieu s'intensifie, plus nous décodons rapidement son langage et comprenons le message qu'il nous transmet.

Voici quelque moyen par lesquelles nous pouvons écouter Dieu:

La prière (Matthieu 7:7)

Prenez du temps pour prier régulièrement. La prière permet de communiquer avec Dieu, d'exprimer vos pensées, d'écouter sa réponse. La prière ouvre une voie de dialogue sacrée avec le Divin. Imaginez-vous assis tranquillement, laissant vos pensées se calmer et votre esprit se tourner vers l'au-delà. Parlez à Dieu de vos joies, vos peines, vos espoirs, vos doutes. La prière renforce votre relation spirituelle. Une pratique de prière régulière cultive une connexion profonde avec votre foi et votre spiritualité. Cela apporte la paix intérieure et la clarté mentale. Prier chaque matin commence la journée positivement. Une prière avant de vous coucher aide à réfléchir sur la journée et exprimer la gratitude. La prière n'est pas qu'un monologue, mais aussi un moment pour écouter attentivement. En restant silencieux, soyez réceptif aux réponses de Dieu. Ces réponses peuvent se manifester de différentes manières. En écoutant, approfondissez votre compréhension spirituelle, ressentez la présence divine. La prière régulière nourrit votre relation avec Dieu, enrichit votre vie spirituelle. En priant, engagez-vous dans un acte sacré de communication et de communion. La prière apporte réconfort, guidance, force. Consacrez chaque jour un temps précieux pour vous connecter avec le divin à travers la prière.

L'étude des écritures

Lire et méditer la Bible est essentiel pour comprendre la volonté de Dieu. Les écritures contiennent des enseignements et des conseils qui peuvent vous guider. En effet, la Bible est une source inépuisable de sagesse et de réconfort pour ceux qui cherchent à approfondir leur relation avec Dieu. Par exemple, dans le livre des Proverbes, il est écrit que "Le commencement de la sagesse, c'est la crainte de l'Éternel; Et la science des saints, c'est l'intelligence." Cette citation souligne l'importance de la crainte de Dieu dans notre quête de sagesse.

De plus, la Bible offre des récits inspirants et des exemples de foi qui peuvent nourrir notre propre spiritualité. Par exemple, l'histoire de David et Goliath nous enseigne sur le courage et la confiance en Dieu face à l'adversité. En méditant sur de tels récits, nous pouvons puiser de la force et de l'inspiration pour affronter les défis de la vie quotidienne.

La lecture et la méditation de la Bible sont des pratiques essentielles pour tout croyant désireux de comprendre la volonté de Dieu. Les enseignements et les conseils contenus dans les

Écritures sont des sources de lumière et de guidance dans notre parcours spirituel. Que chacun puisse trouver en elle la paix et la sagesse nécessaires pour cheminer sur le chemin de la foi.

La méditation

Prenez le temps de réfléchir sur les versets bibliques ou les paroles entendues pour mieux comprendre ce que Dieu essaie de vous dire. La méditation sur les écritures sacrées est une pratique profonde qui apporte clarté spirituelle et connexion avec la divinité. Méditez sur un verset biblique spécifique pour explorer ses différentes significations et trouver des réponses à vos questions profondes. La méditation est une invitation à une conversation intime avec Dieu, une façon de ressentir sa présence et recevoir des messages personnels pour guider votre chemin spirituel. Méditer sur les versets bibliques ou les paroles divines approfondit la foi et la compréhension spirituelle, cultivant une relation plus profonde avec Dieu et fournissant des réponses importantes. La méditation demande patience et persévérance, mais les fruits de cette pratique nourrissent l'âme et éclairent le chemin spirituel.

L'écoute intérieure

Soyez attentif à vos pensées et à vos sentiments. Parfois, Dieu parle à travers notre conscience ou nos impressions intérieures. Il est essentiel de prêter attention à nos pensées car elles peuvent être le reflet de nos valeurs profondes et de nos croyances. Par exemple, si vous vous surprenez à penser de manière négative envers quelqu'un, cela peut être un signe que vous devez travailler sur le pardon et la compassion.

De même, nos sentiments peuvent être des indicateurs puissants de ce qui se passe à l'intérieur de nous. Lorsque nous ressentons de la joie et de la paix, cela peut être un signe que nous sommes alignés avec notre véritable essence. En revanche, si nous ressentons de la colère ou de la tristesse, cela peut indiquer qu'il y a des aspects de nous-mêmes que nous devons examiner et guérir.

Dieu peut utiliser nos pensées et nos sentiments pour nous guider sur le chemin de la vérité et de la croissance spirituelle. En étant attentif à ces signaux intérieurs, nous pouvons cultiver une plus grande conscience de soi et une connexion plus profonde avec le divin. Alors, prenez le temps d'écouter attentivement votre voix intérieure et d'observer les émotions qui émergent en vous. C'est dans ces moments de silence et de réflexion que la voix de Dieu peut se faire entendre de manière claire et puissante.

La communauté

Participer à des groupes d'étude ou services religieux peut ouvrir à diverses perspectives et aider à discerner la voix de Dieu à travers les autres. Rejoindre un groupe d'étude biblique offre l'opportunité d'explorer les écritures en profondeur, partager des réflexions et apprendre des interprétations variées. Discussions et échanges dans ces groupes aident à percevoir des aspects des textes sacrés non envisagés auparavant. Assister régulièrement à des services religieux peut apporter des messages et insights qui résonnent avec votre spiritualité. Prière collective et chant de louange renforcent la connexion avec Dieu et permettent de ressentir sa présence plus profondément. Participer à des activités religieuses en groupe élargit la compréhension des écritures et de la foi, et permet d'entendre la voix de Dieu à travers les interactions avec les autres croyants. Impliquez-vous dans ces occasions de croissance spirituelle et de communion avec la communauté religieuse.

Le silence et la solitude

Dans un monde bruyant, le silence permet d'écouter attentivement et de ressentir la présence de Dieu. Dans nos vies agitées, s'isoler du bruit favorise la réflexion et la connexion spirituelle. Imaginez-vous dans un jardin paisible, chaque bruit devient une invitation à l'introspection. La solitude permet de se reconnecter avec soi-même et d'ouvrir son cœur à la guidance divine. Le silence et la solitude offrent un espace sacré pour écouter l'univers et ressentir la présence de Dieu.

Les signes et les circonstances

Dieu communique parfois à travers des événements quotidiens. Soyez attentif aux coïncidences et situations significatives. Par exemple, croiser une personne avec un message important sur un t-shirt peut être un signe Divin. Restez ouvert aux signes subtils qui peuvent guider votre chemin.

Les événements quotidiens peuvent cacher des significations profondes. Par exemple, des pensées récurrentes suivies d'une chanson abordant le même thème ne doivent pas être ignorées. Soyez attentif pour trouver des réponses à vos questions les plus profondes. Les signes peuvent varier d'une personne à l'autre. Cultivez une sensibilité pour reconnaître les messages divins. Restez attentif pour recevoir clarté et guidance à travers des événements ordinaires.

Les rêves et les visions

Certaines personnes croient en la communication Divine à travers les rêves ou les visions. Réfléchissez à leur signification. Les rêves et visions transmettent des messages Divins. Les prophètes ont reçu des visions de Dieu dans différentes traditions religieuses. Ne sous-estimez pas ces expériences, elles peuvent contenir des messages importants. Méditez sur ces expériences pour mieux comprendre votre chemin spirituel. Chacun peut interpréter les rêves différemment en fonction de ses croyances et de son vécu. Consultez des guides spirituels pour approfondir votre compréhension. L'écoute et la réflexion sur les rêves peuvent vous guider vers la connaissance de soi et la spiritualité. Cette liste n'est pas exhaustive

LES EXPRESSIOS D'ADORATION

Que chaque acte d'adoration soit empreint de sincérité et de dévotion, car c'est par notre amour pour Dieu que nous trouvons la paix et la plénitude dans nos vies.

L'adoration représente l'ensemble des gestes et des actes que nous posons en vue de manifester notre reconnaissance envers Dieu. Il ne s'agit pas simplement d'expressions verbales, mais d'une profonde démonstration de notre amour et de notre gratitude envers Dieu. Par exemple, lorsque nous nous prosternons en prière ou lorsque nous chantons des hymnes de louange, nous exprimons notre dévotion envers le Divin. Il est essentiel de comprendre que l'adoration crée une relation intime entre l'adorateur et le Divin, souvent désigné comme le Père. Cette relation va au-delà des mots et des actions extérieures; elle touche profondément notre être intérieur.

En se concentrant sur un seul être suprême, celui qui siège sur le trône et Jésus, l'Agneau qui se tient devant lui, notre louange et notre adoration acquièrent une profondeur et une signification encore plus grandes. En méditant sur la grandeur de Dieu et la grâce infinie de Jésus, notre cœur s'ouvre à une adoration sincère et transformante. Cette forme d'adoration touche à la fois notre corps, notre âme et notre esprit, nous permettant de nous connecter pleinement avec la divinité.

Ainsi, que ce soit à travers des prières silencieuses dans la solitude de notre chambre ou par des célébrations communautaires dans nos lieux de culte, l'adoration demeure un pilier essentiel de notre relation avec Dieu. En nous abandonnant à sa présence et en lui offrant notre louange authentique, nous enrichissons notre vie spirituelle et renforçons notre foi. Que chaque acte d'adoration soit empreint de sincérité et de dévotion, car c'est par notre amour pour Dieu que nous trouvons la paix et la plénitude dans nos vies. Voici quelques expressions d'adoration :

- **Le caractère**

Dans (Genèse 4:4), Dieu démontre qu'il apprécie notre essence avant d'évaluer nos actions envers lui. Cela souligne l'importance que Dieu accorde à ce que nous sommes intrinsèquement, à notre nature fondamentale. Par exemple, cela peut être comparé à l'idée d'un artiste qui apprécie la beauté d'une œuvre avant d'en observer les détails techniques. De même, Dieu regarde au cœur de l'homme, à son caractère, avant de juger ses actions extérieures.

Le caractère, qui représente notre être intérieur, est ce qui définit notre essence lorsque personne ne nous observe. C'est comme la racine invisible d'un arbre qui soutient et nourrit tout l'arbre visible. Lorsque notre caractère est en harmonie avec les valeurs divines, nous sommes en communion avec Dieu. Par exemple, une personne de caractère est authentique dans ses relations, agissant avec compassion et intégrité, même lorsque personne ne le voit.

Cette idée de l'importance du caractère peut être reliée à l'enseignement de Jésus dans (Matthieu 6:6), où il encourage la prière dans la sincérité du cœur plutôt que pour être vu par les autres. Ainsi, l'accent est mis sur la profondeur de notre relation personnelle avec Dieu plutôt que sur des actions extérieures motivées par le désir de reconnaissance. En fin de compte, cultiver un caractère aligné avec les valeurs divines nous rapproche de Dieu et nourrit notre relation spirituelle de façon significative.

- **La connaissance de Dieu (Jean 4 :22)**

Dieu nous appelle à une existence empreinte d'une connaissance approfondie de sa personne et d'une croissance spirituelle. Les adorateurs ordinaires attendent de voir les actions de Dieu pour lui exprimer leur gratitude, tandis que les adorateurs spirituels cherchent à connaître Dieu afin de s'assimiler à lui. La connaissance de Dieu réside dans le fait de se laisser influencer par sa révélation et l'inspiration que procure sa parole. Alors que certaines personnes adorent Dieu à partir des connaissances générales qu'elles possèdent, les véritables adorateurs célèbrent son nom à travers la lumière émanant de sa parole.

Les adorateurs qui cherchent à approfondir leur connaissance de Dieu s'engagent dans une quête spirituelle constante. Par exemple, ils étudient les écritures sacrées, prient régulièrement et méditent sur les enseignements divins pour mieux comprendre la nature de Dieu. Cette démarche exige une ouverture d'esprit et une humilité profonde, car elle implique de remettre en question ses propres croyances et de se laisser guider par la sagesse supérieure de Dieu.

En revanche, les adorateurs qui se contentent de reconnaître Dieu à travers des actions ponctuelles risquent de passer à côté de la profondeur de la relation spirituelle. Par exemple, un simple remerciement pour une faveur reçue peut être sincère, mais il ne reflète pas nécessairement une compréhension approfondie de la grandeur divine. Les véritables adorateurs, quant à eux, cherchent à établir un lien intime avec Dieu en se plongeant dans sa parole et en cherchant à s'imprégner de sa présence à chaque instant de leur vie.

La connaissance de Dieu va bien au-delà des simples faits et des connaissances théoriques. Elle implique une transformation intérieure profonde qui conduit à une communion spirituelle authentique avec le divin. Les adorateurs qui s'engagent dans cette démarche de croissance spirituelle découvrent une richesse et une plénitude qui transcendent les limites de la compréhension humaine. Que chacun puisse trouver en Dieu la source de lumière et d'amour qui guide sa vie sur le chemin de la vérité et de la paix intérieure.

- **L'amour des activités de l'église (Genèse 28 :16-17)**

L'église représente notre essence avant même son édifice. Notre dévotion envers Dieu se reflète également dans notre implication dans les activités ecclésiastiques.

L'église, bien plus qu'un simple bâtiment de pierre, incarne l'essence même de notre foi. C'est un lieu où se manifeste notre connexion spirituelle avec Dieu et où nous trouvons réconfort et guidance. Par exemple, lors des messes dominicales, nous nous rassemblons en tant que communauté pour célébrer notre foi commune et renforcer nos liens fraternels. De plus, notre dévotion envers Dieu se traduit par notre engagement actif dans les activités de l'église, telles que les œuvres de charité, les groupes de prière et les événements caritatifs.

En participant à ces activités ecclésiastiques, nous exprimons notre amour pour Dieu et notre prochain. Par exemple, en aidant les plus démunis lors des distributions alimentaires ou en visitant les personnes âgées de la paroisse, nous incarnons les valeurs d'altruisme et de compassion prônées par l'enseignement chrétien. De plus, notre implication dans la vie de l'église renforce notre lien spirituel avec la communauté et nous permet de grandir dans notre foi.

Ainsi, l'église ne se limite pas à un simple lieu de culte, mais devient le cœur battant de notre spiritualité et de notre engagement envers Dieu. En participant activement aux activités ecclésiastiques, nous nourrissons notre relation avec le divin et contribuons à faire rayonner la lumière de la foi autour de nous.

- **La foi (Hébreux 11 :6)**

Adorer signifie devenir agréable à Dieu. Cela implique une relation profonde et intime avec le Divin, où l'individu se trouve en harmonie avec les principes et les valeurs spirituelles. Par exemple, dans de nombreuses traditions religieuses, l'adoration se manifeste à travers des prières, des rituels et des actes de dévotion qui témoignent de la foi inébranlable du croyant.

Un individu de foi n'utilise pas nécessairement le même lexique que le commun des mortels. En effet, la langue de la foi est empreinte de conviction et de certitude. Alors que tout un chacun peut exprimer des pensées telles que "je pense que...", un croyant affirme plutôt "je sais que..."car sa foi repose sur des fondements solides et une confiance absolue en la divinité. Par exemple, un croyant peut affirmer avec certitude que Dieu est présent en tout temps et en tout lieu, ce qui guide ses actions et ses choix au quotidien.

La foi repose sur la certitude et non sur les sensations. Cela signifie que la foi transcende les limites de la perception sensorielle et s'ancre dans une conviction profonde qui dépasse le monde matériel. Par exemple, un croyant peut ressentir la présence de Dieu dans des moments de méditation silencieuse, sans avoir besoin de preuves tangibles pour valider cette expérience spirituelle.

La foi nous permet d'habiter l'instant présent dans le domaine spirituel, de la même manière que l'adoration doit être conjuguée au présent. En s'abandonnant à la foi, un croyant trouve la paix intérieure et la sérénité face aux défis de la vie quotidienne. Par exemple, lorsqu'un individu fait l'expérience de la grâce divine dans un moment de détresse, sa foi lui donne la force et le courage nécessaires pour surmonter les obstacles avec confiance.

La seule devise qui nous permet d'acquérir les faveurs divines est la foi. Cela souligne l'importance de la confiance absolue en la divinité pour recevoir ses bénédictions et ses grâces. Par exemple, dans la Bible, il est mentionné que la foi peut déplacer des montagnes, ce qui met en lumière le pouvoir transformateur de la croyance en Dieu.

La Bible enseigne que Dieu est le rémunérateur de ceux qui le cherchent à travers la foi. Cette promesse divine encourage les croyants à persévérer dans leur quête spirituelle et à maintenir une confiance inébranlable en la providence divine. Par exemple, les récits bibliques de personnages comme Abraham et Moïse illustrent comment la foi inébranlable en Dieu a conduit à des miracles et des bénédictions au-delà de toute attente.

Un véritable adorateur n'a pas besoin de voir, mais il a besoin de connaître pour activer sa foi. Cela souligne l'importance de la conviction intérieure et de la connaissance spirituelle pour nourrir et renforcer la foi d'un croyant. Par exemple, la compréhension profonde des enseignements sacrés et des principes spirituels peut éclairer le chemin de la foi et ouvrir des portes vers une relation plus profonde avec la divinité.

- **L'obéissance (Psaumes 119 :33-34)**

Nous soulignons que l'adoration consiste à être agréable à la divinité afin de lui plaire, ce qui implique que l'adoration est une soumission absolue à la volonté divine. La forme la plus exquise et authentique d'adoration se réalise lorsque notre confiance inébranlable en Christ se manifeste à travers notre soumission totale. Le défaut de soumission nous pousse à transgresser. C'est dans la soumission que réside la volonté divine.

Lorsque nous nous consacrons pleinement à Dieu, nous nous engageons dans un acte sacré de soumission qui va au-delà de simples gestes extérieurs. Par exemple, lorsque nous mettons de côté nos propres désirs et ambitions pour suivre les enseignements de Christ, nous démontrons une véritable adoration. Cette adoration sincère et profonde se traduit par des actions empreintes d'amour et de dévotion envers notre Créateur.

En comprenant que l'adoration va de pair avec la soumission, nous réalisons que notre relation avec Dieu repose sur une confiance totale en sa sagesse et en sa bonté. C'est cette confiance inébranlable qui nous guide dans les moments de doute et de difficulté, nous permettant de rester fermes dans notre foi. Lorsque nous embrassons pleinement la volonté divine et nous soumettons à elle, nous trouvons la paix et la plénitude dans notre parcours spirituel.

Ainsi, il est essentiel de reconnaître que la soumission à la volonté divine n'est pas un signe de faiblesse, mais plutôt une démonstration de force intérieure et de conviction. En nous abandonnant à Dieu et en acceptant Sa direction dans nos vies, nous trouvons un sens plus profond à notre existence et une guidance précieuse pour chaque étape de notre cheminement spirituel. En fin de compte, c'est dans la soumission à la volonté divine que nous découvrons la vraie essence de l'adoration et trouvons la paix et la joie qui découlent de cette relation intime avec notre Créateur.

- **Fléchir les genoux**

C'est un signe de reconnaissance envers une autorité transcendante, une supplication adressée à une entité puissante (2 Rois 1 : 13). Celui qui sait s'incliner devant un autre obtient déjà son indulgence. Par exemple, dans de nombreuses cultures anciennes, s'incliner devant un roi ou un chef était une marque de respect et d'acceptation de son autorité. Dieu trouve un grand réconfort lorsque nous nous humilions devant Lui, car par nous-mêmes, nous ne le pourrions pas. L'humilité est une vertu précieuse qui nous permet de reconnaître notre dépendance vis-à-vis de Dieu. Lorsque nous nous agenouillons en Sa présence, nous exprimons notre soumission et notre gratitude envers Sa grandeur et Sa miséricorde. C'est à ce moment que nous recevons Son pardon et que Sa puissance nous est favorable, nous guidant sur le chemin de la droiture et de la grâce divine.

Celui qui reste longuement à genoux en implorant le Seigneur devient fort et debout devant les hommes. Par exemple, dans les moments de grande détresse ou de découragement, s'agenouiller et prier peut apporter un réconfort et une force intérieure incommensurable. Il y a assurément un mystère dans l'acte de fléchir les genoux. C'est une prescription émanant d'une autorité suprême et bienveillante qui nous enseigne l'importance de l'humilité et de la dévotion. Il existe une distinction entre s'agenouiller et se prosterner devant Dieu. En demeurant à genoux devant Dieu, il nous maintient debout jusqu'à ce que nos ennemis se soumettent également devant nous (Psaumes 72 : 9). Cette image poétique souligne la puissance de la prière et de l'humilité pour surmonter les obstacles et triompher des adversités de la vie.

Ce que l'intellect et la force ne peuvent résoudre, les genoux le peuvent assurément. L'acte de fléchir les genoux doit être le reflet d'une soumission du cœur, d'une reconnaissance profonde de la grandeur et de la bonté divines. En nous prosternant devant Dieu, nous reconnaissons notre petitesse et notre besoin de sa guidance et de sa protection. Ainsi, chaque fois que nous nous agenouillons pour prier, nous renforçons notre lien avec le divin et nous nous ouvrons à sa volonté pour notre vie.

Chaque génuflexion devrait être une offrande de foi et d'amour envers celui qui nous a créés et qui veille sur nous avec tendresse et bienveillance. En nous inclinant devant la majesté divine, nous reconnaissons notre dépendance totale de sa miséricorde et de sa grâce infinie. Que notre posture humble et nos prières sincères ouvrent nos cœurs à la lumière de sa sagesse éternelle et nous guident sur le chemin de la vérité et de la paix intérieure. Que chaque instant passé à genoux soit une occasion de renouveler notre engagement envers Dieu et de cultiver une relation profonde et significative avec lui.

- **Prosternation**

Un geste d'une grande puissance physique, exercé avec une dimension spirituelle, justifié en se prosternant face contre terre, prend le nom sacré d'adoration. L'acte d'adoration, synonyme de prosternation, fait sa première apparition dans la Bible, dans le livre de la Genèse. La prosternation est une démonstration d'humilité (Psaumes 95 :6). Dans les écritures, lorsque la prosternation est mentionnée, elle est souvent associée à la flexion des genoux. La prosternation et la flexion des genoux semblent être étroitement liées ! Les adorateurs sont appelés à cultiver l'humilité, car c'est en cela que le Seigneur se révèle en eux.

Dans la Bible, nous pouvons voir de nombreux exemples de personnes se prosternant devant Dieu. Par exemple, Job, malgré ses souffrances, s'est prosterné devant Dieu en signe d'adoration et de soumission à sa volonté. De même, Marie, la mère de Jésus, s'est prosternée devant Dieu lors de l'Annonciation, acceptant humblement le rôle qui lui était confié. Ces exemples illustrent comment la prosternation est un acte de foi et de reconnaissance envers Dieu.

Jacob, qui signifie "voleur", devait reconnaître sa dépendance à Dieu pour que son destin puisse être transformé. Abraham avait besoin de cette dépendance pour que son histoire puisse changer et qu'il devienne le père d'une multitude. Quelles que soient nos quêtes et nos recherches, nous ne trouverons pas tout, car Dieu seul peut nous le donner, afin que Son rôle de Père soit pleinement réalisé.

En se prosternant, on voile son visage pour signifier notre indignité et reconnaître la suprématie de Dieu. Dieu nous met en garde concernant la prosternation, rappelant à chaque chrétien qu'Il est l'unique vrai Dieu digne d'adoration (Exode 20 :5). Les représentations que nous avons de nous-mêmes sont des obstacles à notre développement spirituel. Bien que nous vivions aux yeux des hommes, sur le plan spirituel, nous sommes morts. Nous sommes tellement remplis de nous-mêmes que l'Esprit Saint n'a pas suffisamment de place pour agir. Celui qui se prosterne devant Dieu voit les obstacles s'incliner et ses problèmes se résoudre devant lui (Exode 24 :1-3).

Dans (Apocalypse 5 :8), il est révélé que nos actes de culte sur terre reflètent ce qui se passe dans les cieux. Ce passage souligne que même au ciel, les créatures célestes se prosternent devant Jésus, l'Agneau immolé. En se prosternant, nous imitons les anges et les saints qui adorent Dieu sans relâche. C'est un rappel puissant de notre place en tant que créatures devant le Créateur.

Cette vision nous montre que l'adoration n'est pas limitée à notre existence terrestre, mais qu'elle transcende les frontières du temps et de l'espace pour s'élever jusqu'aux cieux. Les anges, par leur exemple, nous encouragent à nous incliner devant la majesté de Dieu et à reconnaître sa souveraineté éternelle. Leur adoration incessante est une source d'inspiration pour tous les croyants, les invitant à se joindre à la chorale céleste dans un hymne d'amour et de louange.

En contemplant cette scène céleste, nous sommes invités à méditer sur la grandeur de Dieu et sur notre humble position en sa présence. Nous sommes appelés à nous prosterner non seulement avec nos corps, mais aussi avec nos cœurs et nos esprits, reconnaissant ainsi la suprématie de notre

Créateur. Que notre culte sur terre soit un reflet fidèle de l'adoration céleste, une offrande sincère et joyeuse à celui qui mérite toute gloire et tout honneur pour l'éternité.

- **La levée des demains**

Chez les militaires, on pourrait l'exprimer de manière plus poétique lorsque les adversaires lèvent leurs mains. Ce geste indique que leurs armes reposent au sol pour diverses raisons : manque de munitions ou embuscade difficile à dénouer. Ainsi, en observant cela, on leur épargne la mort et ils deviennent des esclaves de guerre. Nombre de personnes refusent encore d'être captives du Christ car elles demeurent attachées à leurs propres erreurs. Lever les mains est une offrande (Psaumes 141 :2).

Dans le contexte militaire, le geste de lever les mains peut être considéré comme une forme de reddition pacifique. Par exemple, lors de négociations tendues, des soldats ennemis pourraient lever les mains pour montrer qu'ils ne souhaitent pas engager le combat. Cela peut être une stratégie pour éviter des pertes inutiles des deux côtés. De plus, le fait que les adversaires déposent leurs armes au sol démontre un acte de confiance ou de désarmement volontaire.

Il est intéressant de noter que ce geste de lever les mains n'est pas uniquement physique, Il est intéressant de noter que ce geste de lever les mains n'est pas uniquement physique, mais peut également être interprété symboliquement. Par exemple, dans certaines cultures, lever les mains en signe de prière est une démonstration de dévotion et de soumission à une divinité. Cette action transcende le simple mouvement physique pour devenir un symbole de connexion spirituelle profonde.

Certaines personnes, au lieu de s'abandonner à Dieu ou de se repentir, préfèrent rester attachées à leurs anciennes façons de vivre, à leurs péchés. Cela les empêche d'accepter la grâce et la rédemption offertes par le Christ. En d'autres termes, le fait de lever les mains peut être interprété comme un acte de lâcher prise de l'ego et de l'orgueil pour se soumettre à une autorité supérieure, que ce soit divine ou morale.

En somme, le geste de lever les mains dans un contexte militaire ou spirituel peut revêtir des significations profondes et diverses. Par exemple, dans un contexte militaire, lever les mains peut signifier une reddition physique, un acte de se rendre à une force supérieure. Alors que dans un contexte spirituel, cela peut symboliser une soumission volontaire à une puissance divine ou à un principe moral plus élevé. Ce geste illustre la complexité des interactions humaines et des choix moraux auxquels chacun peut être confronté, soulignant ainsi la richesse des interprétations possibles.

La levée des mains revêt plusieurs significations dans l'acte d'adoration :

a. Appartenance : celui qui se donne entièrement à Christ réalise tardivement que la souffrance s'évanouit dès l'arrivée de Jésus ;

b. Abandon : exprimer promptement à Dieu notre totale appartenance et l'assurance que rien ne pourra nous séparer de Lui. Jésus désire que nous lui manifestions tout notre amour ;

c. Appel à l'aide : chaque fois que Moïse levait les mains, une victoire était remportée contre l'ennemi et lorsqu'il les baissait, ses adversaires triomphaient ;

d. Bénir le nom du Seigneur : chaque fois que nous élevons nos mains vers Dieu, un échange s'opère entre Lui et nous ;

e. Se présenter tel que l'on est : la Bible enseigne que lors de chaque rassemblement, il convient de vérifier si nos mains ne sont pas souillées de sang. À notre tour, nous nous présentons à Dieu tels que nous sommes.

De manière autonome, nous proclamons à Dieu : Tu es le Souverain.

- **Acclamations**

Les ovations, dans leur essence, vont bien au-delà des simples applaudissements. Elles représentent l'admiration profonde que l'on ressent envers quelque chose d'exceptionnel. Lorsque nous admirons les créations de Dieu, nous exprimons notre reconnaissance pour sa grandeur et sa puissance infinie. Ces ovations ne sont pas simplement des gestes vides, mais elles sont accompagnées de paroles empreintes de louange, de proclamation et d'autorité.

Dans les moments où nous acclamons Dieu, nous reconnaissons sa souveraineté sur toute la terre. C'est comme si une armée puissante se mettait en marche, prête à déplacer des montagnes, tel que prophétisé dans (Zacharie 4:7). Chaque acclamation est un acte de foi en la toute-puissance divine, un rappel que les défis les plus imposants peuvent être surmontés grâce à notre confiance en Dieu.

Les ovations sont donc bien plus que de simples gestes, ce sont des déclarations de foi et de confiance envers le Créateur. Elles renforcent notre lien avec lui et nous aident à surmonter les obstacles qui se dressent sur notre chemin. En résumé, acclamer Dieu à travers des ovations est une manière de proclamer sa grandeur et de manifester notre confiance en sa capacité à accomplir des miracles dans nos vies.

Au sein des ovations avance une armée capable de déplacer des montagnes (Zacharie 4 :7). À travers les ovations, nous affirmons que Dieu est souverain sur toute la terre (Psaumes 47 : 2). Il existe des défis qui se dissipent uniquement lorsque nous acclamons le Seigneur.

- **Les offrandes**

Les offrandes sont une marque profonde de reconnaissance de l'homme envers Dieu. Elles représentent une restitution de ce que nous recevons de sa grâce (Psaumes 96 :8). Par exemple, dans les Écritures, nous voyons comment Abel a offert des premiers-nés de son troupeau avec un cœur sincère, ce qui a été agréé par Dieu. Ce qui revêt de l'importance n'est pas tant l'aspect monétaire que la sincérité du geste d'offrande. Dieu ne requiert pas d'offrandes matérielles, mais plutôt un cœur authentique (Psaumes 40 :6-8).

Le culte, par essence, implique un acte d'offrande ; sans cela, il ne peut être véritablement qualifié de culte. Lorsque les croyants se rassemblent pour adorer Dieu, ils apportent non seulement leur louange mais aussi leur vie entière en offrande. Dans le désert, Dieu ordonna aux enfants d'Israël de venir lui offrir (Exode 3 :18), symbolisant ainsi l'importance de l'acte d'offrande dans la relation entre Dieu et son peuple.

C'est dans les moments de détresse que nos louanges prennent une dimension sacrificielle, et c'est alors que le Seigneur les accueille favorablement. Par exemple, le roi David a souvent offert des sacrifices de louange dans les moments difficiles de sa vie, montrant ainsi sa confiance en Dieu même au milieu des épreuves. La plus noble des offrandes commence par le sacrifice de soi-même, comme Jésus l'a fait en donnant sa vie pour le salut de l'humanité, un exemple ultime d'offrande totale et désintéressée.

Dieu ne requiert pas d'offrandes matérielles, mais plutôt un cœur authentique (Psaumes 40 :6-8). Cela signifie que ce qui importe le plus dans notre relation avec Dieu n'est pas la valeur matérielle de ce que nous offrons, mais l'attitude sincère et profonde de notre cœur. Par exemple, dans l'histoire de Caïn et Abel, Dieu a regardé non pas à la quantité mais à la qualité des offrandes.

Le culte, par essence, implique un acte d'offrande ; sans cela, il ne peut être véritablement qualifié de culte. Lorsque nous nous rassemblons pour adorer Dieu, il est essentiel que nos cœurs soient disposés à lui offrir notre amour, notre gratitude et notre obéissance. Par exemple, dans le Nouveau Testament, Jésus a enseigné que l'adoration véritable se fait en esprit et en vérité.

Dans le désert, Dieu ordonna aux enfants d'Israël de venir lui offrir (Exode 3 :18). Ce passage biblique souligne l'importance de répondre à l'appel de Dieu pour offrir notre adoration et notre service. Lorsque nous obéissons à sa volonté, même dans les moments difficiles, notre culte devient un témoignage puissant de notre foi.

C'est dans les moments de détresse que nos louanges prennent une dimension sacrificielle, et c'est alors que le Seigneur les accueille favorablement. Par exemple, lorsque Job a tout perdu et a encore loué Dieu, son témoignage a été un exemple de louange authentique malgré les circonstances difficiles. Dieu cherche des adorateurs qui le louent en esprit et en vérité, quelles que soient les épreuves.

La plus noble des offrandes commence par le sacrifice de soi-même. Jésus lui-même a donné l'exemple ultime en offrant sa vie pour le salut de l'humanité. Ainsi, lorsque nous offrons notre vie, nos talents, nos ressources à Dieu, nous suivons l'exemple de Jésus et manifestons un culte qui lui est agréable. Que notre adoration soit toujours sincère et empreinte de sacrifice, car c'est ce que Dieu recherche avant tout.

- **La musique**

Elle favorise une harmonie exquise entre la mélodie et les paroles. Cette harmonie est essentielle car elle permet de créer une atmosphère musicale profonde et significative. Par exemple, lorsque la mélodie et les paroles se complètent parfaitement, elles peuvent émouvoir profondément les auditeurs et les transporter dans un état d'émotion intense. Cela se manifeste particulièrement lors de chants religieux où la musique sacrée élève l'âme et renforce la connexion spirituelle.

Par la suite, elle confère une expression singulière à la divinité. Lorsque la musique est utilisée pour exprimer des louanges ou des prières, elle devient un moyen puissant de communiquer avec le divin. Les chants dédiés à la divinité sont souvent empreints de dévotion et de gratitude, ce qui permet aux croyants de manifester leur foi de manière profonde et authentique. Par exemple, les psaumes chantés lors des cérémonies religieuses offrent une expression unique de la relation entre l'homme et le divin.

La musique a une capacité unique de transmettre la félicité du peuple, comme le souligne le livre des Chroniques. Lorsqu'elle accompagne des moments de joie et de victoire, elle devient le miroir de l'allégresse de la communauté. Par exemple, lors de célébrations festives, les hymnes joyeux expriment la gratitude et la liesse des participants, créant ainsi une atmosphère de bonheur collectif. La musique devient alors un langage universel de la célébration, unissant les individus dans une harmonie partagée.

La puissance de la musique réside dans sa capacité à transcender les différences et à rassembler les gens, quels que soient leurs origines ou leurs croyances. Elle crée un pont émotionnel qui permet à chacun de se connecter à un niveau plus profond, renforçant ainsi les liens au sein de la communauté. Par exemple, dans les festivals culturels, la musique traditionnelle peut évoquer un sentiment de fierté et d'appartenance chez les spectateurs, renforçant ainsi leur identité culturelle.

En outre, la musique peut également servir de catalyseur pour l'expression des émotions individuelles et collectives. Lorsque les paroles et les mélodies résonnent avec les expériences personnelles des auditeurs, elles peuvent susciter des sentiments de compassion, d'empathie et de solidarité. Ainsi, la musique devient un moyen puissant de communication émotionnelle, permettant aux gens de partager leurs joies, leurs peines et leurs espoirs d'une manière profonde et significative.

En somme, la musique transcende les barrières linguistiques et culturelles pour devenir un langage universel de la joie et de la célébration. Elle unit les individus dans un élan de bonheur partagé, renforçant les liens communautaires et permettant l'expression des émotions les plus profondes. À travers ses mélodies envoûtantes et ses paroles inspirantes, la musique demeure un pilier essentiel de la vie humaine, capable de toucher les cœurs et les âmes de chacun.

La composition musicale doit être exécutée avec soin car elle annonce l'arrivée du Souverain. Lorsque la musique est utilisée pour marquer l'arrivée d'une personnalité importante ou d'un événement majeur, elle revêt une signification particulière. Par exemple, les fanfares royales jouées lors de l'entrée d'un monarque soulignent la grandeur et la solennité de l'instant. La musique devient ainsi le messager de l'événement à venir, préparant les esprits à accueillir dignement le Souverain.

Les descendants d'Israël, aux côtés de David, ont célébré l'arrivée de l'arche de l'Éternel en musique (2Samuel 6 :5). Cette célébration musicale illustre la puissance et la signification de la musique dans les rituels religieux et les événements historiques. Lorsque la musique accompagne des moments clés de l'histoire, elle devient le témoin sonore de ces événements, transmettant aux générations futures l'importance et la solennité de ces instants. Par exemple, les chants et les danses qui ont accompagné l'arche de l'Éternel symbolisent la connexion profonde entre la musique et la spiritualité.

La musique permet au chef de l'assemblée de laisser à l'auditoire le libre choix. Lorsque la musique est utilisée pour guider une assemblée ou un groupe de personnes, elle offre une direction subtile et harmonieuse. Par exemple, les chants liturgiques peuvent inviter les fidèles à la méditation ou à la prière, tout en leur laissant la liberté d'interpréter ces moments à leur manière. La musique devient ainsi un pont entre le guide spirituel et les fidèles, facilitant la communication et l'interaction au sein de la communauté.

La musique occupe une place centrale dans de nombreuses traditions et cérémonies, offrant une voix puissante pour exprimer les émotions, les croyances et les valeurs. Que ce soit pour célébrer la joie, exprimer la dévotion ou marquer des événements importants, la musique demeure un langage universel qui transcende les frontières et unit les individus dans une expérience commune et profonde.

- **Les gestes**

Les expériences musicales dans les églises sont des moments véritablement uniques et précieux, où le charme de la musique se mêle à la spiritualité pour créer une atmosphère empreinte de grâce et d'élégance. Lorsque les chorales entonnent des chants sacrés, c'est comme si une harmonie céleste descendait parmi les fidèles, enveloppant chacun dans un sentiment de paix et de communion profonde. Il est difficile de mettre des mots sur les émotions ressenties en ces instants sacrés, car ils dépassent largement le langage verbal pour atteindre des sphères plus intimes de l'âme.

Chaque note chantée, chaque accord joué devient une offrande de pureté et de dévotion envers le divin, transformant la simple musique en une expérience transcendante. Les paroles des chants résonnent non seulement dans l'espace de l'église, mais aussi dans les cœurs des fidèles, les transportant vers des sommets d'émotion et de spiritualité. Il est fascinant de voir comment la musique, ce langage universel, parvient à unir les croyants de différentes origines et cultures autour d'une même foi et d'une même quête de sens.

Dans ces moments privilégiés, il est possible de ressentir la présence divine à travers chaque son, chaque souffle musical. La musique devient alors un pont entre le terrestre et le céleste, unissant les esprits dans une communion spirituelle profonde et indescriptible. Ainsi, les expériences musicales dans les églises ne sont pas simplement des instants de divertissement ou de contemplation, mais bien des occasions de se connecter à quelque chose de plus grand que soi, de se laisser emporter par la beauté et la puissance de la musique sacrée.

- **Les paroles de nos bouches**

Les expressions verbales qui élèvent chaque individu vers la majesté sont d'une importance capitale. Elles ne doivent pas être simplement des manifestations sentimentales, mais plutôt des déclarations de la grandeur de Dieu qui émanent de nos lèvres (Hébreux 13:15). En effet, Dieu accueille avec faveur ceux qui ont des lèvres inspirées divinement pour chanter Ses louanges à travers des cantiques (Psaumes 45:2). Ces expressions sont un moyen privilégié pour présenter à Dieu nos supplications et nos confessions de péchés, nous permettant ainsi de nous rapprocher davantage de Lui (Daniel 19:20).

Il est crucial de témoigner des œuvres de Dieu dans nos vies. Lorsque nous restons silencieux face à ses bienfaits et à sa grâce envers nous, nous risquons de nous priver de sa bénédiction et de son soutien. Par conséquent, il est essentiel de proclamer sa grandeur et Sa fidélité, de partager avec reconnaissance les miracles et les interventions divines que nous avons expérimentés. En omettant de glorifier Dieu, nous pourrions manquer l'opportunité de Le magnifier et de Le glorifier comme Il le mérite (2 Rois 7:9).

Ainsi, que nos paroles reflètent toujours la louange et la reconnaissance envers le Seigneur, car c'est par nos expressions verbales que nous exaltons sa grandeur et que nous nous rapprochons de sa sainteté. Que nos lèvres soient toujours prêtes à proclamer sa majesté et à le glorifier en toutes circonstances, car en Lui résident la force, la grâce et l'amour infini.

Assurément, Dieu chérit ceux qui ont des lèvres divinement inspirées pour exalter son nom à travers des cantiques (Psaumes 45:2). Ces expressions servent à présenter à Dieu nos supplications et nos confessions de péchés afin de nous rapprocher de lui (Daniel 19:20). Par exemple, lorsque nous chantons des louanges avec un cœur sincère et une foi profonde, nous témoignons de notre amour pour Dieu et de notre reconnaissance pour sa grâce infinie. Les cantiques peuvent être des prières mélodieuses qui élèvent nos esprits vers le divin et renforcent notre connexion avec le Créateur.

Il est impératif de témoigner des œuvres de Dieu dans nos vies. Lorsque nous partageons ouvertement les bénédictions que Dieu a répandues sur nous, nous glorifions son nom et inspirons les autres à chercher Sa présence. Par exemple, raconter comment Dieu a guéri une maladie ou a pourvu à un besoin urgent peut encourager ceux qui traversent des épreuves similaires à garder espoir en sa puissance salvatrice. Tant que nous demeurons silencieux face à ses bienfaits envers nous, il se réserve le droit de nous admonester (2 Rois 7:9). Cela souligne l'importance de reconnaître publiquement les actions de Dieu dans nos vies et de lui rendre grâce pour sa fidélité inébranlable. En réfléchissant sur ses merveilles et en partageant ces témoignages, nous renforçons notre relation avec lui et encourageons les autres à faire de même.

Les cantiques, en tant que formes artistiques de louange, peuvent également transcender les barrières linguistiques et culturelles. Par exemple, dans diverses traditions religieuses à travers le monde, la musique et le chant sont des moyens universels de célébrer la spiritualité et de communiquer avec le divin. De plus, les cantiques peuvent être une source d'inspiration et de réconfort pour ceux qui traversent des moments difficiles, car la mélodie et les paroles peuvent apporter un apaisement profond à l'âme tourmentée. Ainsi, en partageant nos cantiques et en témoignant de l'action de Dieu à travers eux, nous contribuons à l'élévation spirituelle de la communauté et à la diffusion de Sa lumière bienveillante.

Les cantiques sont bien plus que de simples chants, ce sont des expressions de foi, d'amour et de reconnaissance envers Dieu. En les utilisant comme des prières chantées, nous nous connectons profondément avec le divin et renforçons notre relation avec notre Créateur. Il est donc essentiel de continuer à exalter le nom de Dieu à travers nos cantiques, en partageant ouvertement les bénédictions qu'Il a répandues sur nous, et en témoignant de sa puissance salvatrice dans nos vies.

Il est impératif de témoigner des œuvres de Dieu dans nos vies. Lorsque nous partageons ouvertement les bénédictions que Dieu a répandues sur nous, nous glorifions son nom et inspirons les autres à chercher Sa présence. Par exemple, raconter comment Dieu a guéri une maladie ou a pourvu à un besoin urgent peut encourager ceux qui traversent des épreuves similaires à garder espoir en Sa puissance salvatrice. Tant que nous demeurons silencieux face à Ses bienfaits envers nous, il se réserve le droit de nous admonester (2 Rois 7:9). Cela souligne l'importance de reconnaître publiquement les actions de Dieu dans nos vies et de Lui rendre grâce pour Sa fidélité inébranlable. En réfléchissant sur Ses merveilles et en partageant ces témoignages, nous renforçons notre relation avec Lui et encourageons les autres à faire de même.

Le silence

Le mutisme, souvent considéré comme une forme de communication silencieuse, peut véhiculer des messages profonds qui échappent parfois aux autres modes d'expression. Par exemple, lorsqu'une personne choisit de rester silencieuse dans une situation de conflit, son calme peut transmettre plus de paix et de sagesse que des paroles prononcées dans la précipitation. Dans les écritures saintes, comme les (Psaumes 37:7), il est conseillé de rester silencieux devant l'éternité, suggérant que la réflexion et l'écoute intérieure peuvent apporter une compréhension plus profonde que les paroles hâtives.

Le silence, loin d'être vide, peut être un espace fertile où les réponses et les inspirations divines trouvent leur chemin. Par exemple, dans (Exode 14:14), il est souligné que Dieu agit pour ceux qui se taisent, mettant en lumière l'importance de la confiance et de l'attente patiente. Trop souvent, le bruit incessant de nos propres paroles peut étouffer la voix subtile de la divinité. Il est donc essentiel de cultiver des moments de silence pour permettre à la guidance spirituelle de se manifester pleinement.

Le mutisme peut être un outil puissant pour écouter les messages divins et trouver la clarté intérieure. En choisissant de nous taire, nous ouvrons la porte à une communication plus profonde et authentique avec l'univers. Il est donc recommandé de pratiquer le silence de manière consciente et respectueuse, afin de recevoir les bénédictions et les enseignements que la divinité a à offrir.

Dans ce contexte, le silence doit être plus qu'une simple absence de mots ; il doit être une posture d'écoute active et attentive. Lorsque Dieu cherche à communiquer avec nous, notre devoir est de garder le silence, car c'est de sa sagesse que nous dépendons, comme indiqué dans l'Exode 10:3. En effet, nos incessants monologues peuvent parfois étouffer la voix de Dieu, comme le souligne (Esaïe 41:1). C'est lorsque nous choisissons de nous taire que Dieu peut agir en notre faveur et nous guider sur le chemin de la vérité.

Le silence devant Dieu est donc plus qu'une simple attitude passive ; c'est un signe de respect profond, d'humilité sincère et d'obéissance totale envers sa volonté céleste. En effet, le silence peut être une forme de communication puissante avec le divin, car il ouvre la voie à une écoute attentive de sa voix intérieure et de ses directives. Même dans les moments les plus difficiles et éprouvants de notre vie, il est crucial de savoir quand parler et quand se taire, car c'est dans le silence que se trouvent parfois les réponses les plus claires et les plus révélatrices.

Un exemple biblique inspirant est celui de (Jérémie 3:26), où il est mentionné que l'attente silencieuse et confiante en Dieu peut conduire à un secours divin inattendu et miraculeux. De même, le récit de Daniel dans (Daniel 10:15-16) nous montre comment sa pratique du silence et de l'écoute attentive ont ouvert la voie à une révélation profonde de la part de Dieu. Le silence authentique devant Dieu peut donc être le catalyseur qui nous permet de recevoir des révélations et des instructions divines précieuses pour notre chemin de vie.

Ainsi, la sensibilité à écouter et à respecter le silence devient une qualité essentielle pour quiconque cherche à être guidé par la sagesse divine. En cultivant une attitude de réceptivité et de disponibilité intérieure, nous nous ouvrons aux merveilleuses possibilités que le silence en présence de Dieu peut offrir. Que notre silence soit empreint de foi, de confiance et de gratitude envers le Créateur, car c'est dans ces moments sacrés que se tissent les liens les plus profonds avec le Divin.

La danse inspirée de Dieu

Par le biais de la danse, toute l'église célèbre l'entrée triomphale du Roi dans son sanctuaire, à l'instar de David. Cette manifestation suscite une exaltation profonde parmi le peuple, l'incitant à louer Dieu. En effet, Dieu intervient envers quiconque oserait porter atteinte à notre bien-être lorsque nous exécutons nos danses les plus ferventes et entonnons des chants empreints de spiritualité. Michal, l'épouse de David, fut troublée lorsqu'elle vit David se livrer à une danse des plus enflammées en l'honneur de Dieu (2 Samuel 6 :16-23). La pratique de la danse suscite de vifs débats au sein des diverses communautés. Néanmoins, nous devrions encourager le peuple de Dieu à respecter les préceptes de l'église, notamment en ce qui concerne les modalités d'expression adoratives qu'elle approuve.

La danse, en tant qu'expression religieuse, revêt une signification profonde qui dépasse les simples mouvements physiques. C'est un moyen par lequel les fidèles peuvent manifester leur dévotion et leur joie envers le divin. Par exemple, dans de nombreuses traditions, les danses sacrées sont exécutées lors de célébrations importantes telles que les mariages ou les festivals religieux. Ces danses sont souvent accompagnées de chants et de musique sacrée qui élèvent l'âme et renforcent le lien spirituel entre les participants et leur croyance.

L'histoire de David et Michal souligne les différentes réactions que la danse peut susciter, même au sein d'une même communauté. Tandis que David dansait avec ferveur pour honorer Dieu, Michal éprouvait de la gêne et de la désapprobation. Cela montre que la perception de la danse dans un contexte religieux peut varier selon les individus et leurs croyances personnelles. Il est donc essentiel de promouvoir la compréhension et le respect mutuel au sein de la communauté pour éviter les conflits et favoriser l'unité dans la diversité.

En fin de compte, la danse en tant qu'expression de la foi doit être abordée avec sensibilité et ouverture d'esprit. Les pratiques adoratives peuvent revêtir différentes formes selon les traditions et les cultures, mais l'essentiel demeure le même : célébrer la présence divine et manifester son amour et sa gratitude envers Dieu. Encourager la diversité d'expressions dans le cadre des croyances religieuses peut enrichir l'expérience spirituelle de chacun et renforcer la communauté dans sa quête commune de transcendance et d'harmonie.

Michal, l'épouse de David, fut troublée lorsqu'elle vit David se livrer à une danse des plus enflammées en l'honneur de Dieu (2 Samuel 6 :16-23). La pratique de la danse suscite de vifs débats au sein des diverses communautés. Néanmoins, nous devrions encourager le peuple de Dieu à respecter les préceptes de l'église, notamment en ce qui concerne les modalités d'expression adoratives qu'elle approuve.

LE CONDUCTEUR

Le rôle du conducteur de culte est d'être un guide attentif et compatissant, aidant les fidèles à s'approcher de Dieu de manière authentique et profonde.

Dans nos diverses conjonctions et célébrations à caractère chrétien, la présence d'un coordinateur des activités est indispensable pour garantir le bon déroulement de chaque événement, de son commencement à sa conclusion, afin d'éviter tout imprévu.

Le rôle du conducteur revêt une importance capitale car il est chargé de superviser le déroulement du programme de culte, particulièrement celui des chants d'ensemble, en étroite collaboration avec la chorale et les autres acteurs. Il est le maître d'orchestre qui facilite la connexion entre les fidèles et Dieu pendant les moments de louange. Il guide de manière harmonieuse et inspirée l'ensemble des musiciens et des chants spirituels.

La présence d'un guide est primordiale pour coordonner les différentes étapes et garantir une atmosphère de recueillement et de méditation. Le rôle du conducteur n'est pas de dominer l'ambiance mais de veiller à ce que la dimension spirituelle soit pleinement vécue. Il doit être à l'écoute du Saint-Esprit, qui guide et ordonne chaque aspect de la cérémonie de manière divine et transcendante.

Par exemple, lors d'un culte dominical, le conducteur de louange a pour responsabilité de planifier le déroulement de la liturgie, de choisir les chants appropriés et de veiller à ce que chaque moment soit empreint de solennité et de ferveur. Sa présence discrète mais essentielle permet à la communauté de vivre pleinement sa foi et sa communion avec Dieu.

La plupart des erreurs commises par de nombreux conducteurs de culte sont attribuables à leur ignorance. Nous allons tenter d'identifier quelques-unes de ces erreurs qui sont fréquentes et répandues. Beaucoup se questionnent sur la distinction entre le conducteur et le modérateur : il est important de souligner que bien que ces deux termes soient semblables, leur rôle respectif durant la célébration présente des nuances distinctes. En définitive, tous ceux impliqués devraient louer Dieu pour la grâce qui leur est accordée de guider l'église lors de ses moments de célébration. Il est donc primordial de solliciter le soutien divin et de faire preuve d'humilité pour que le culte soit une réussite. Les conducteurs doivent être capables de diriger le culte avec modestie afin de glorifier Dieu sans chercher à se glorifier eux-mêmes.

Frères et sœurs, les cultes que nous offrons à Dieu sont des occasions privilégiées de communion avec Lui. Ce n'est pas à nous de définir l'objectif du culte, mais c'est la quête intérieure de chacun qui permet d'atteindre l'expérience souhaitée. L'essence du culte réside en Jésus, qui doit occuper une position centrale dans nos vies.

Le culte en lui-même est l'assemblée des rachetés autour du trône, comme le connaissent bon nombre d'entre nous. Il s'agit d'un acte de dévotion visant à apaiser la faveur de Dieu envers les hommes. De plus, je soutiens que le culte constitue un lieu de communion entre l'homme et Dieu, au point qu'ils échangent mutuellement. Bien que le modérateur puisse être absent dans un tel contexte, sa présence est nécessaire pour garantir l'ordre et l'harmonie du programme.

Le culte, en tant qu'expression de la foi et de la reconnaissance envers le Divin, revêt une importance cruciale dans de nombreuses traditions chrétiennes à travers le monde. Par exemple, dans certaines églises, le culte peut prendre la forme de chants de louange et de prières collectives, où les fidèles se rassemblent pour célébrer leur foi en communion. Ces rituels sacrés renforcent les liens spirituels entre les membres de la communauté et nourrissent leur relation avec Dieu.

En outre, le culte offre un espace sacré où les croyants peuvent se connecter profondément avec leur foi et exprimer leurs convictions les plus intimes. Lorsqu'un individu participe activement au culte, il se plonge dans une atmosphère de recueillement et de méditation, favorisant ainsi une connexion personnelle avec le Créateur. Cette interaction entre l'homme et Dieu crée un échange spirituel unique, où les prières et les supplications sont offertes avec sincérité et humilité.

Même en l'absence d'un modérateur formel, la présence d'une structure et d'une organisation pendant le culte est essentielle pour assurer que les activités se déroulent de manière ordonnée et respectueuse. Par exemple, un horaire préétabli peut guider le déroulement des chants, des lectures et des moments de silence, permettant ainsi à la communauté de vivre une expérience de culte harmonieuse et significative. Le rôle du modérateur, bien qu'il puisse être discret, est crucial pour maintenir l'équilibre et la fluidité de la célébration.

Il est évident qu'un programme de sacrifice requiert la présence d'un sacrificateur pour accomplir l'holocauste. Si chaque individu était autorisé à apporter sa propre offrande et à se consacrer lui-même, de nombreux sacrifices risqueraient d'être rejetés en raison de l'ignorance de nombreux principes et préceptes. Être un conducteur implique une responsabilité et un mandat spécifiques.

En parcourant le livre des Lévitiques, on comprend aisément pourquoi Dieu avait exigé un certain profil pour le sacrificateur, rendant ainsi la présence du guide indispensable lors d'un culte. Cependant, le conducteur doit consentir à s'effacer, à s'ignorer lui-même dans le but de révéler le Saint-Esprit et de lui laisser le contrôle de tout, ce qui semble être une difficulté pour plusieurs. Un conducteur n'est ni le maître de la scène, ni le chef de la rencontre.

Le culte est sacré, il n'appartient pas au conducteur de le pratiquer à sa guise. De nombreuses interrogations surgissent lorsqu'il est question du culte :

- Pour quelle raison le culte est-il pratiqué ?
- Quelle est l'importance du conducteur dans le cadre du culte ?
- Pourquoi les différents répertoires ne produisent-ils pas des résultats identiques ?

- Pour quelle raison puis-je modifier le répertoire sans mon consentement ?
- Comment se fait-il qu'un conducteur puisse ressentir de l'ennui lors de l'exercice de ses fonctions ?

Je me suis aperçu que ces interrogations ne m'étaient pas propres, mais qu'elles sont inhérentes à tout conducteur. Il est essentiel de comprendre que le culte ne relève pas du domaine humain. Nous le pratiquons pour Dieu et par lui.

J'aime souligner qu'en matière de dons, il ne faut pas seulement se demander combien nous allons offrir à Dieu, mais plutôt réfléchir à la quantité de richesses divines que nous choisissons de retenir pour nous-mêmes. Cette réflexion nous conduit à reconnaître la souveraineté de Dieu en tant que Souverain Sacrificateur. Un exemple poignant de cette dynamique est celui d'Abraham, à qui Dieu a demandé de sacrifier son unique fils bien-aimé, Isaac, sur une montagne désignée par Lui-même (Genèse 22 : 1-12). Abraham aurait pu offrir tout ce qu'il avait de plus précieux à Dieu, excepté son fils, car il était un homme riche. Cependant, Dieu a spécifiquement exigé ce sacrifice, démontrant ainsi sa connaissance profonde de nos besoins et de nos désirs futurs (Matthieu 6 : 8).

Il est crucial de ne pas manquer les opportunités que Dieu nous présente en raison d'une insensibilité à son Esprit. Rester vigilant pendant le culte est important, mais cela ne doit pas se faire au détriment de l'ouverture à de nouvelles inspirations. La vigilance excessive peut rendre une communauté vulnérable à la tentation de suivre aveuglément les directives d'une personnalité dominante. Il est donc essentiel de ne pas subordonner l'ensemble du culte à une seule personne, quelle que soit son importance. En revanche, il est bénéfique d'évaluer notre propre progression pendant le culte, car cela nous permet de mesurer notre croissance par rapport au reste de l'assemblée. Nous devons nous assurer que notre adoration et notre louange sont sincères et dignes de Dieu, car le culte est avant tout une offrande de l'homme à Dieu, une manifestation de gratitude visant à attirer sa bienveillance sur tous ceux qui y participent.

Beaucoup de leaders pensent qu'après Dieu, c'est à eux que revient la place d'honneur lors du culte, mais ce n'est pas le cas. Dieu peut inspirer une autre personne, qui n'est pas le leader du jour, pour diriger le culte. Il est sage de rester attentif pour ne pas perdre de vue la pensée de Dieu et ses désirs pour ce rendez-vous. Pourquoi les Israélites devraient-ils toujours attendre Moïse pour entendre la voix de Dieu ? Pourquoi ne pourraient-ils pas recevoir sa guidance par le biais d'une autre personne, comme Josué qui était destiné à succéder à Moïse ? Chers conducteurs, nos pasteurs jouent un rôle primordial dans le déroulement des cultes. Même si Dieu t'a déjà parlé, Il peut donner de nouvelles directives au pasteur, et il est alors de ton devoir de t'y conformer.

Pourquoi vénérer ?

Le culte est un concept qui renvoie à un ensemble d'actes, de rites de vénérations et d'hommage rendus par un individu ou une communauté à un être ou un objet considéré comme supérieur et digne de cela. Cette définition ne fait pas la particularité de notre « le culte chrétien » où la présence de Dieu doit être une évidence. Le lieu de ce culte doit être permanant le fait que tout chrétien est appelé à être en immuable interaction avec son Dieu. Cette présence est une promesse que le seigneur affirme lui-même dans sa parole (Mathieu 18 :20)

Christ étant au centre du projet de Dieu sa forte présence doit être au centre et le but du culte. Certains états grecs de l'antiquité lorsqu'il s'agissait de discuter des affaires publiques, les citoyens devraient être séparé d'avec la masse contenant les esclaves et les étrangers qui ne pouvaient être détenteur d'aucun droit civique, on ne pouvait réunir rien que des citoyens.

La Bible du Nouveau Testament a adopté cette terminologie pour désigner tous ceux qui ont répondu à l'appel de Dieu. Le culte ne peut ainsi rassembler que les enfants de Dieu, que nous avons antérieurement nommés les rachetés. Par conséquent, le culte peut être défini comme l'assemblée des rachetés autour du sacrifice expiatoire, dans le but de rencontrer Dieu. Il s'inscrit dans le dessein divin d'établir une relation et un contact avec les êtres humains, se manifestant ainsi à eux. C'est le domaine du Tout-Puissant, où Sa présence prévaut et où Il assume la conduite.

Il ne nous appartient pas de décider comment rendre le culte agréable, car c'est Dieu qui guide, nous fournissant les directives et nous laissant le libre arbitre. De nos jours, le culte envers Dieu a perdu de sa valeur du fait que certains hommes de foi, leaders ou prédicateurs, en particulier ceux qui sont influents, cherchent à se mettre en avant, à être mentionnés à chaque occasion. Ce genre de comportement relève de l'idolâtrie. Notre Dieu est jaloux (Deutéronome 4 :24) et ne partage pas sa gloire avec quiconque d'autre.

Le culte est une affaire privée qui ne peut être adressée qu'à Lui seul. Il fut le premier à offrir un culte, à se rendre hommage, comme l'exemple donné dans le jardin d'Eden. Lorsque l'homme pécha, il fit un sacrifice pour dissimuler sa nudité, devenant ainsi le précurseur du culte. Ne tentons donc pas de donner à un être humain la gloire qui revient à Dieu, car cela serait une malédiction. Le culte n'est pas une réunion de tribus ou un rassemblement armé.

Dieu nous désire pour lui-même, et les seuls instants où nous sommes en communion avec lui sont lorsque nous le rencontrons dans le culte c'est à dire dans le moment d'intimité. Cela est possible à travers deux dimensions : le culte personnel et le culte communautaire. Ce sont des concepts qui guident chaque worship leader pour intervenir de manière appropriée et conduire les autres à communier avec Dieu de façon significative.

Pourquoi le conducteur ?

Nous devons nous considérer comme des instruments didactiques pour glorifier Dieu. Cela signifie que notre rôle en tant que conducteurs de culte est de guider les fidèles dans leur adoration et de les orienter vers une rencontre profonde avec leur Dieu. Il est crucial de ne pas endurcir nos cœurs face à la présence divine, car c'est en restant sensibles à sa voix que nous pourrons réellement accomplir notre mission.

Lorsque nous abordons la louange et l'adoration, il est important de comprendre que ce n'est pas simplement une question de talent vocal ou d'éloquence. C'est avant tout une question d'appel et de dévotion sincère. Un exemple concret serait celui des chiens qui reconnaissent instinctivement leurs semblables, même s'ils peuvent avoir des apparences différentes. De la même manière, un vrai conductcur dc louangc ct adoration se distingue non pas par sa voix, mais par la profondeur de son adoration et de sa connexion avec Dieu.

Devenir un conducteur de culte ne se limite pas à acquérir des compétences académiques, c'est une vocation qui demande un engagement profond envers le ministère. Si l'on se contente d'étudier la théologie sans ressentir cet appel intérieur, on risque de perdre de vue l'essence même de notre mission. Il est primordial de comprendre que le rôle du conducteur lors d'un culte va bien au-delà de simplement diriger les chants ou les prières.

En effet, le culte est un moment sacré où les fidèles se rassemblent pour rencontrer Dieu à travers différentes formes d'expression. Le conducteur de louange peut donc agir comme un guide spirituel, menant l'assemblée à travers les différentes étapes du culte avec sensibilité et compassion. En considérant le culte comme un tabernacle composé de plusieurs parties distinctes, le conducteur peut aider chacun à vivre une expérience spirituelle profonde et significative.

Le rôle du conducteur de culte est d'être un guide attentif et compatissant, aidant les fidèles à s'approcher de Dieu de manière authentique et profonde. Cela nécessite non seulement des compétences techniques, mais surtout une profondeur d'âme et un engagement sincère envers le service divin.

Le conducteur doit prendre en considération ces trois aspects cités ci-après, car la rencontre avec Dieu en dépend. Souvent, c'est au conducteur de guider les autres hors du parvis, mais il est souhaitable que chacun fasse preuve de sensibilité. Une personne anxieuse n'aborde pas le culte de la même manière qu'une personne enthousiaste.

Une période peut grandement influencer nos débuts. Les méthodes de la saison sèche ne peuvent débuter de la même manière que ceux de la saison des pluies, de l'hiver ou du printemps. Il est plus aisé de diriger la célébration du dimanche que celle de la semaine, car le dimanche tout un chacun est mieux disposé en vue de ce jour particulier. Contrairement aux jours de semaine où les gens arrivent avec les soucis de la journée. Il est toutefois essentiel de comprendre qu'aucune célébration n'est plus spéciale qu'une autre, justifiant une considération équitable de chacune.

- **Au parvis,**

Le conducteur doit s'assurer que chacun s'est délesté de ses charges, cette étape ne devrait pas prendre trop de temps. Habituellement, cela se situe entre le prélude et quelques minutes après le début du culte. Les rythmes sont souvent particulièrement marqués, surtout pendant les périodes pluvieuses, et retrouvent leur régularité lorsque le temps s'éclaircit. Cela n'empêche pas d'être attentif aux inspirations du Saint Esprit. En général, on veille à ce que les chants émeuvent à la fois l'esprit et le corps des fidèles, afin de les amener à se soumettre pleinement aux exigences du culte et à rencontrer Dieu. C'est l'une des raisons pour lesquelles certains conducteurs débutent le culte par la louange pour ensuite plonger dans l'adoration. La louange réveille l'âme tandis que l'adoration stimule l'esprit. Je ne prétends pas que ce schéma doive être suivi pour tous les cultes, il s'agit d'une option facultative qui dépend de l'inspiration de chaque conducteur.

- **Le lieu saint**

Cette seconde phase se déclenche automatiquement une fois que l'assemblée est libérée de ses charges. Abandonnant ses préoccupations, elle cesse de s'apitoyer sur elle-même et est remplie de joie. Elle entonne des chants, s'immerge dans la louange, et adore chacun en fonction d'un sentiment de gratitude émergeant de son cœur. Il est préférable que le guide observe le silence et se joigne également au peuple dans une adoration profonde de Dieu. C'est en de tels moments que Dieu pardonne, purifie, et sanctifie, afin de guider chacun vers le lieu très saint pour Le rencontrer enfin et échanger avec Lui. Jusqu'à présent, c'est l'homme qui exprime ses pensées de tout son être et Dieu l'écoute. Il n'est pas opportun que le guide se concentre encore sur l'aspect instrumental, car c'est Dieu Lui-même qui conduit le peuple vers Lui. Il convient de noter que même en de tels instants, certaines personnes resteront toujours dans le parvis. Il est juste question de temps et il est important de les encourager également à s'élever.

- **Le lieu très saint**

Cette troisième partie représente l'essence même du culte, offrant l'opportunité de rencontrer le divin pour lequel nous nous rassemblons. Elle n'est pas fortuite, mais réservée à ceux qui se sont abandonnés à l'inspiration d'Emmanuel. C'est en ce lieu que Dieu révèle des visions, guide nos vies, et dirige le culte pour atteindre ses desseins. C'est ici qu'Il nous guide vers un sanctuaire intime où, en Sa seule présence, nous sommes métamorphosés à Son image. Les paroles des hommes s'effacent, laissant place à la voix de Dieu qui résonne dans nos âmes. Les larmes deviennent l'expression prédominante, traduisant ce que les cœurs taisent et ce que nul autre ne peut interpréter, si ce n'est Dieu qui comprend le langage des pleurs.

Cette phase se caractérise par un silence empreint souvent de glossolalie. Le guide ou le conducteur ne saurait se substituer à Dieu ni prendre Sa parole. Son rôle consiste simplement à nous conduire vers une expérience renouvelée, car le but du culte demeure la rencontre divine. Ainsi, l'apparence ou l'éloquence des participants importent peu, car un conducteur qui s'arroge le mérite des succès du culte ou estime qu'il en est l'élément indispensable s'oppose à la gloire de Dieu et s'expose à de redoutables malédictions.

Les louanges sont à proscrire, de peur qu'elles n'engendrent l'orgueil. Un guide se doit d'avoir préalablement vécu une expérience spirituelle avant de la partager avec l'assemblée : on ne peut emmener les autres là où l'on n'est jamais allé soi-même. Connaître la destination ne suffit pas ; il importe également de maîtriser le chemin pour y parvenir ainsi que les conditions d'accès. La compréhension des activités en cours est impérative. Qui se connaît, connaît ses propres limites dans l'action. Il est préférable d'être un guide éloquent dans sa sobriété, écoutant avec profondeur du fond de son cœur.

Un conducteur est censé avoir déjà expérimenté une relation avec Dieu avant de la partager avec l'assemblée : On ne peut guider les individus vers des lieux où l'on n'a pas encore exploré. Comprendre sa destination est une chose, mais connaître le chemin pour y parvenir ainsi que les critères d'accès en est une autre. La compréhension des activités qui s'y déroulent est essentielle. Lorsqu'on a une conscience aigüe de son identité, on saisit aisément ses limites dans l'action. Il est préférable d'être un guide qui communique avec parcimonie et qui prête une oreille attentive au murmure de son cœur.

Un conducteur n'écoute pas uniquement par le biais de ses organes auditifs physiques.

Un adorateur authentique se distingue par ses oreilles spirituellement attentives, capables de discerner les murmures du Saint-Esprit avec une profondeur exceptionnelle. Il va bien au-delà de simplement saisir les faits de manière superficielle, car son objectif est de créer un espace où Dieu peut pleinement agir. Sans cette sensibilité spirituelle affinée, le risque est de tomber dans le piège de la louange purement psychique, dépourvue de la présence divine (Exode 6 : 8-9).

L'exemple de Samuel, dans le récit biblique, illustre parfaitement l'importance de cette écoute attentive. Malgré les multiples appels de Dieu, Samuel a dû être interpellé à plusieurs reprises avant de reconnaître la voix du Seigneur (1 Samuel 3 : 4-10). Cela souligne l'urgence pour les adorateurs d'être constamment à l'écoute, prêts à agir dès que Dieu se manifeste.

Lorsqu'un adorateur prend le temps d'écouter véritablement, sa vie et son ministère en sont profondément transformés. Les signes de la visitation divine peuvent se manifester de différentes manières au sein de l'assemblée, tels que des parlers en langues ou d'autres manifestations spirituelles. Ces moments d'intervention divine ne doivent pas être négligés, car ils sont des opportunités pour l'église de vivre des expériences profondes de communion avec Dieu.

En cultivant une sensibilité spirituelle affinée, l'adorateur crée un espace propice à la manifestation de la puissance divine. Chaque geste, chaque parole est empreinte de cette conscience aiguë de la présence de Dieu, transformant ainsi chaque rassemblement en une expérience spirituelle profonde et authentique. Que chaque adorateur aspire à cet état d'écoute profonde, afin que la louange devienne véritablement un acte de communion avec le Divin.

Cela peut être :

- Spirituellement éprouvés par l'assemblée : par exemple des parlers en langue
- Intérieurement approuvé par le conducteur lui-même : tel qu'un sentiment de pleurer, une douleur affectant une partie du corps, etc.
- Physiquement impressionnés par un comportement commun de l'assemblée : tel que la levée des mains, une position à genoux, etc.

Une telle perception des faits soutient que les sentiments, les émotions, l'intelligence et l'Esprit ne peuvent être dissociés lors de l'acte d'adoration. Le culte exige une écoute attentive. Il est essentiel d'observer l'assemblée et de noter ses réactions dès le prélude, avant de prendre la parole. Il est nécessaire de mettre de côté ses propres motivations et de diriger l'adoration avec conviction, en étant pleinement conscient de la présence de Dieu. Des réactions positives et discernées face à des événements inhabituels sont également requises

CONCLUSION

Ce livre que voici est l'une de deux parties du grand titre ADORATION AUTHENTIQUE. Ensemble nous l'avons parcouru et nous avons découvert cette mine que le Saint Esprit nous a donnée afin de la partager aussi aux autres. Ce livre est une imprimée des multiples vérités que Dieu nous a légué. Je suis heureux que ce que vous avez appris vous soit très utile entant qu'enfant de Dieu.

Ce livre ne renferme pas seulement des informations pour votre vie spirituelle, il est une provision pour votre vie sociale et communautaire. Cette première partie révèle la vie de l'église et de la culture d'adoration mais aussi il met un accent de la croissance jusqu'à la maturation du chrétien. Il démontre les éléments à éviter et ceux à encourager quand à ce qui concerne la vie d'adoration.

Il est important de signaler qu'on ne peut pas se lancer à enseigner ou former les conducteurs de cultes tant que l'église n'est pas suffisamment enseignée sur ce que représente l'adoration dans la vie du chrétien. Il est cependant essentiel de vous suggérer d'aller lire le volume deuxième de ce livre pour avoir de la connaissance générale sur l'adoration et plus particulièrement sur la conduite du culte.

En cette deuxième partie vous apprendrez plus profondément sur ce qui tue le culte et moment de communion des enfants de Dieu. Comme par exemple

1. La précipitation

L'une de grandes erreurs que les conducteurs de louange commettent est la précipitation. Vous n'êtes pas obligés de courir derrière votre répertoire. Puisqu'il s'agit ici de ce que vous avez prévu. Il est mieux de toujours écouter le Saint Esprit qui administre toutes les affaires du culte. Ne précipitez pas le chant car il est comme un fruit, aussi longtemps qu'il contient de la substance on doit encore le sucer. Ne tuer pas le culte à cause de votre répertoire car Dieu connais plus que vous ce qu'il veut personnellement et ce que son peuple cherchent réellement. Il est de ces moments où Dieu se sert d'un chant pour nous conduire dans son lieu secret mais il est d'autres moments encore où il fait d'un chant son siège, dans ce cas il faut chanter celui-ci sans relâche. Si Dieu peut se servir d'un chant à partir d'une partie, restez y et chantez le sans arrêt.

2. L'habitude

Un élément dangereux qui tue le culte est la routine. L'habitude tue l'adoration, elle tue notre communion d'avec Dieu. Elle tue notre attention de Dieu. Par habitude les gens viennent adorer alors que si nous adorons par habitude alors ce sont nos têtes qui fonctionnent plutôt que nos esprits. C'est ainsi qu'au lieu de rendre à Dieu des cultes spirituels nous rendons les cultes psychiques. Alors que les vrais adorateurs devraient commencer à rendre leurs intelligences stériles pour que leurs esprits parlent à Dieu. Car la vraie adoration doit permettre à Dieu de télécharger son esprit en nous pour que nous et lui soyons une seule personne, afin qu'ensemble nous parlions dans un langage spirituel. L'habitude peut vous donner l'impression que ce sont vos chants qui vous permette de conduire le culte.

3. Trop de parole peuvent tuer le culte.

La plupart de conducteurs pensent que ce sont de paroles qui font que le culte aille mieux, non ! On peut conduire le culte sans prononcer une seule parole car les paroles sont juste des expressions d'adoration, le moyen par lesquels nous parvenons à exprimer à Dieu notre amour. Ce n'est pas forcément le moyen qui amène les gens à adorer car les gens ne peuvent adorer que sur base de la connaissance qu'ils ont de Dieu. Il n'y a aucune parole que nous puissions avoir et qui puisse impressionner Dieu lui-même étant la parole. Ce qui compte dans ce cas c'est de laisser notre cœur d'être influencer par l'amour et la bonté de Dieu et son inspiration pour que nous parvenions à dire ses merveilles. David pouvez dire : je sens les parole des charmes bouillonner de mon cœur et ma langue est devenue plus habile comme la plume d'un habile écrivain c'est-à-dire sans inspiration il n'y a aucune parole qui puisse impressionner Dieu, soyez donc conçu et sage

4. L'adoration peut tuer elle-même le culte

Une autre erreur que la plupart commettent est celle de croire que Dieu a plus besoin d'adoration ce qui ne pas du tout vrai et d'ailleurs ce qui est erroné, Dieu a plutôt besoin des adorateurs. Toutes les activités que nous faisons à l'église engendrent une adoration mais notre cœur produit l'adorateur que le Père demande. C'est pourquoi les gens ont commencé à introduire l'idolâtrie au travers l'adoration, ils aiment plus l'adoration au lieu de chercher à aimer l'adorable. Si votre adoration prend la forme plus élevée en considération que l'adorable, alors vous êtes dans le faux et dans l'idolâtrie.

5. L'église elle-même peut tuer le culte

Une église peut-être un danger contre ses cultes, une église qui n'a pas grandi peut tuer l'atmosphère spirituelle à son sein. Vous constaterez que dans certaines églises les fidèles disent souvent tel conducteur ne nous a pas amener nulle part, le conducteur à son tour se plaint de ce que l'église ne l'a pas encouragé pour bien conduire ou pour ce qu'il a fait déjà. Sachez qu'on ne vient pas encourager le conducteur on est venu rencontrer Dieu. Une église où on doit forcer les gens à parler c'est-à-dire que c'est une église où les gens ne connaissent pas Dieu car un peuple qui connait son Dieu agit vaillamment. Produisez de l'adoration avec ou sans conducteur de culte. Le conducteur n'a pas d'atmosphère à créer, c'est Dieu qui crée son atmosphère et nous permet d'y entrer pour des expériences spirituelles et donc l'église doit être conduite par l'Esprit.

6. Le conducteur lui-même peut tuer le culte.

Quelque fois d'autres, les conducteurs pensent que le culte s'est bien passé à cause d'eux. La plupart de temps le conducteurs se mettent au rend plus important qu'ils détournent toute l'attention du peuple de Dieu vers eux. Ils deviennent des idoles sans le savoir. Dieu n'a pas besoin que les gens concentrent leurs attentions sur nous. Il faudrait que nous soyons tous reconnu menteurs et que lui seul soit reconnu vrai, que nous disparaissions et que Dieu lui-même soit vu.

Merci d'avoir lu.

BIBLIOGRAPHIE

Une Vie de Louange, Jean-Pierre Martin, Éditions de la Foi 2019

Le Pouvoir de l'Adoration, Sophie Lauren, Éditions Lumière 2020

L'Adoration dans la Vie Chrétienne, Marc Dupont, Éditions de la Grâce 201

Adorer en Esprit et en Vérité, Claire Moreau, Éditions de la Révélation 2021

Le Pouvoir de l'Adoration, Jean-Pierre Lemoine Éditions de la Lumière 2019

Adoration et Mission, Émilie Dubois Presses Universitaires de la Foi 2021

L'Adoration au Quotidien Marc Lefèvre Éditions du Cœur 2020

L'Art de l'Adoration, Sophie Martin, Éditions Lumière 2019

Adorer en Esprit et en Vérité, Marc Dupont, Éditions de la Foi 2021

La Louange comme Mode de Vie, Émilie, Éditions Espoir 2020

Buy your books fast and straightforward online - at one of world's fastest growing online book stores! Environmentally sound due to Print-on-Demand technologies.

Buy your books online at
www.morebooks.shop

Achetez vos livres en ligne, vite et bien, sur l'une des librairies en ligne les plus performantes au monde!
En protégeant nos ressources et notre environnement grâce à l'impression à la demande.

La librairie en ligne pour acheter plus vite
www.morebooks.shop

Printed by Books on Demand GmbH, Norderstedt / Germany